Stb

Susanne Hühn, Jahrgang 1965, ist ausgebildete Lebensberaterin und ganzheitliche Physiotherapeutin. Sie schreibt spirituelle Selbsthilfebücher und gibt Lebensberatung, Channelings sowie Meditationskurse für Erwachsene und Kinder. Seit nunmehr über fünfundzwanzig Jahren begleitet sie Menschen auf ihrem Weg zur Genesung. Mit dem Schreiben begann sie vor siebzehn Jahren. Zunächst vermittelte sie ihr spirituelles Wissen in Romanform, dann entwickelte sie Sachbücher und CDs, die sie mittlerweile in großer Anzahl veröffentlicht hat.

Die Zeit der Pubertät ist auch eine Periode, in der sich bestimmte Teile des Gehirns aus- und weiterentwickeln. Das vorliegende Buch möchte dazu beitragen, dass sich die »richtigen« Hirnteile entfalten, nämlich diejenigen, die für das Finden von Lösungen, für Selbstvertrauen, Selbstverantwortung und für die eigene Spiritualität zuständig sind. Letztlich geht es darum, dass Jugendliche in sich selbst Räume finden, in denen sie eigene innere Prozesse erleben können, Lösungen finden und in einen guten Kontakt mit sich selbst und der eigenen Wahrheit kommen – als Gegenpol zum Cool-sein-Müssen ...
Das vorliegende Buch soll ein fundiertes Handwerkszeug bieten für alle, die mit Jugendlichen arbeiten und sie in ihrer Entwicklung mit Entspannungs- und Meditationsübungen unterstützen möchten.

Susanne Hühn

Meditation Entspannung Konzentration für Jugendliche

Praktisches Arbeitsbuch für Eltern, Lehrer und Erzieher

Für meine Nichten und Neffen

ISBN 978-3-89767-638-1

1. Auflage
Umschlaggestaltung: Murat Karaçay
Redaktion und Satz: Heike Wietelmann
Herstellung: Reyhani Druck & Verlag, Darmstadt

www.schirner.com

Inhalt

Vorwort für Jugendliche 7
Vorwort für Erwachsene 11
Einführung 17
Meditation für Eltern: 27
Meditation: Den Seelenstrahl Ihres Kindes verankern . 29
Fragen, die von Jugendlichen häufig gestellt werden . 33
Wie kann man sich überhaupt selbst treffen? 33
Wie kann man sein eigener Freund sein? 34
Wozu braucht man Energie und woher kommt sie? ... 35
Wie kommt Energie in den Körper hinein und was bewirkt sie dort? 36
Wie rauben wir anderen Menschen Energie, und wie bekommen wir Energie zurück? 37
Wer ist der innere Führer? 39
Warum ist er bei uns? 40
Bewusst atmen 43
Kurzmeditationen:
Der Wasserfall 49
Das reinigende Feuer 51
Kraft aus der Erde tanken 54
Dein Krafttier treffen 55
Deine Energie erhöhen 57
Deine innere Führung 63
Meditation: Deine innere Führung 65
Die Stimme deiner Seele 71
Meditation: Die Stimme deiner Seele 72
Deinen Platz im Leben finden 77
Meditation:Dein persönlicher Kraftort 79
Rückzug und Schutz 85

Meditation: Das goldene Ei 86
Der Fels in der Brandung 91
Distanz und Nähe 97
Die goldene Acht 98
Die Lichtsäule 102
Ein geistiger Ausflug: 107
Der fest verwurzelte Baum 109
Meditation: Erdung I 110
Meditation: Erdung II 112
Mit Schwierigkeiten umgehen 117
Meditation: Kontakt mit dem Schutzengel aufnehmen...118
Meditation:Lösungen finden 120
Den Engel in dir selbst erkennen 123
Meditation: Triff den Engel, der du bist 123
Die Beziehung zu dir selbst herstellen 127
Meditation: Sei dir selbst dein bester Freund 128
Dein Körper: ein gesundes Gewicht erreichen 135
Die Kraft der goldenen Herzen 136
Meditation: Die Farben deiner Seele 139
Für andere da sein 145
Meditation: Die Lasten zurückgeben 146
Geburtstagsmeditation 151
Meditation: Die Hüter deines Geburtsstrahles 152
Deine Gesundheit 159
Die goldene Kugel 160
Meditation: Dein Gehirn verschalten 163
Die Brücke 167
Die Brücke in die neue Energie 169
Die Brücke in die nächste Ebene 173

Vorwort für Jugendliche

Ihr Lieben,

ich möchte euch dazu einladen, die Traumreisen, die ihr in diesem Buch findet, euch im Freundeskreis gegenseitig vorzulesen und, wenn ihr das Bedürfnis habt, euch über das, was ihr dabei erlebt habt, auszutauschen. Der Sinn der Meditationen ist, euch innere Räume und Kräfte zu erschließen, die euch dabei helfen können, euren ganz eigenen Lebensweg zu gehen. Wir brauchen innere Ausrichtung und das unbestechliche Gefühl für die eigene Bestimmung, den eigenen Weg, egal, was alle anderen von uns erwarten. Diese innere Ausrichtung zu haben ist die Voraussetzung dafür, sein Leben wirklich erfüllt und sinnvoll zu leben – sinnvoll natürlich in eurer ganz eigenen individuellen Weise. Was genau das ist, das euch erfüllt und – vor allem – was ihr unter »sinnvoll« versteht, spielt überhaupt keine Rolle und ist allein eure Sache. Ich will euch Mut schenken und euch Werkzeuge an die Hand geben, mit denen ihr das ganz für euch allein herausfinden könnt. Sie sollen euch helfen, das, was euch sinnvoll erscheint, wirklich umzusetzen und zu verwirklichen. Denn dazu seid ihr ja schließlich auf die Welt gekommen – oder nicht?

Es wird Zeit für etwas Neues, nämlich genau das Neue,

das ihr in eurem Herzen und in euren Träumen mit auf diese Welt bringt. Deshalb seid ihr hier, genau darauf hat die Welt gewartet und darum möchte ich euch daran erinnern und euch ein paar Hilfen geben, das, was ihr so sehnlich auf die Erde bringen wollt – auch wenn euch das noch gar nicht so bewusst ist – in die Tat umzusetzen. Ich möchte euch Kraft schenken, mit Schwierigkeiten und all den Gefühlen umzugehen, die ihr tagtäglich erlebt – sei es Ärger oder das Gefühl, versagt zu haben und nichts wert zu sein. Besonders die Schule und unsensible, gemeine Lehrer können euch dieses Gefühl vermitteln. Bitte lasst euch nicht allzu sehr davon herunterziehen! Nicht jeder, der euch etwas lehren soll, hat recht mit dem, was er über euch denkt und sagt. Es gibt regelrechten Machtmissbrauch in der Schule, der richtig verletzen kann. Bitte stellt euch bewusst in euren jeweiligen Seelenstrahl (wie ich es euch später zeigen werde) und bittet eure Schutzengel, euch vor dieser negativen Energie zu beschützen. Oder nehmen wir als anderes Beispiel den Liebeskummer, der euch das Herz zerreißen kann. Ich kenne mich selbst besser damit aus, als ich mich je auskennen wollte. Aber genau deshalb kann ich euch vielleicht ein wenig Unterstützung geben. Unterstützung, die ihr selbst für euch anwenden und selbstverständlich auch immer an eure Freunde weitergeben könnt.
Wenn ihr hier, in diesem Buch, den einen oder anderen Haltegriff findet, der euch auf eurem schwierigen, aber hoffentlich oft auch wunderschönen und aufregenden Erdenweg Halt gibt, dann bin ich dankbar, euch damit dienen zu können.

Weil sich dieses Buch auch an Eltern, Therapeuten, Lehrer und alle, die mit Jugendlichen arbeiten und euch lieben, richtet, füge ich im Anschluss ein Vorwort für Erwachsene ein. Lest, wenn ihr mögt, einfach bei den Meditationen selbst weiter. Ich erlaube mir, euch in diesem Vorwort und auch später zu duzen. Nicht, weil ich euch nicht respektiere, sondern weil ich euch in den Meditationen (wie übrigens auch die »Erwachsenen«) sowieso mit »Du« anspreche. Ich heiße übrigens Susanne.

Ich hoffe, das ist ok, wenn nicht, dann denkt euch bitte einfach ein »Sie«.

Es gibt sehr kurze und auch längere Meditationen – je nachdem, wie viel Lust ihr habt, euch auf eine innere Reise zu begeben. Ich freue mich, wenn ihr sie alle nutzt. Aber selbst wenn euch nur *eine* davon dient, habt ihr somit doch ein wertvolles Werkzeug, mit dem ihr für euch selbst sorgen könnt.

Habt viel Spaß beim Reisen!

Eines noch, was mir wirklich wichtig ist zu schreiben, und damit wende ich mich an jeden Einzelnen von euch: Ich will auf keinen Fall einen Zeigefinger erheben und dir sagen, was du zu tun und was du zu lassen hast. Du weißt selbst, was für dich gut ist. Ich möchte dich aber sehr gern dabei unterstützen, den Unterschied zwischen künstlicher Energie, die dich nur aufputscht, ohne wahrhaftig zu nähren, und echter Seelenkraft zu erkennen – damit du dich im Zweifelsfall für dich selbst und deine eigene Kraft entscheiden kannst. Künstliche Energie bekommst du zum Beispiel durch zu viel, zu wenig oder falsches Essen, durch Drogen natürlich, aber auch dadurch, dass du dich andauernd in den Falschen verliebst und darunter leidest (auch Schmerz ist eine Droge, er gaukelt dir Lebendigkeit vor!), zuviel träumst (anstatt deine Träume in die Tat umzusetzen) oder dich selbst verletzt, um überhaupt irgendwas zu spüren – und noch vieles mehr …

Du weißt selbst, auf welche Weise du dir das Gefühl von scheinbarer Lebendigkeit verschaffen kannst. Es gibt etwas Besseres: nämlich das Leben selbst! Du findest die Kraft, das Leben anzunehmen und zu leben (auch wenn es wehtut) in dir selbst, in deiner Seele, wenn du dich mit ihr verbindest.

Ich bin selbst einen langen Weg gegangen, auf dem ich Ersatz-Energie benutzt habe – und es war wirklich nicht besonders hilfreich. Verbinde dich, wann immer du Kraft brauchst, mit dir selbst, dann bist du immer und überall versorgt.

Ich danke dir aus ganzem Herzen für deine Bereitschaft, dein Licht zur Erde zu bringen!

Vorwort für Erwachsene

Liebe Leserinnen, liebe Leser, liebe Eltern!

In diesem Buch biete ich Ihnen sehr kurze und auch einige längere Meditationen und innere Reisen an, die Sie in vielen verschiedenen Situationen anwenden können, wenn Sie mit Jugendlichen arbeiten oder Ihre eigenen Kinder unterstützen wollen. Neben Zeit für ausreichend Bewegung, kreativem Tun und natürlich Zeit zum Lernen sind die Momente, die ein Mensch mit sich selbst verbringt und seine inneren Räume erschließt, äußerst wichtig und wertvoll. Stabile, von anderen unabhängige Möglichkeiten zu finden, mit sich selbst umzugehen, ist sicher eine der notwendigen Voraussetzungen für einen gesunden Umgang mit sich selbst und damit auch mit anderen.

Besonders wenn Sie das Gefühl haben, als Eltern den Kontakt zu Ihren Kindern zu verlieren, kann es sehr hilfreich sein, ihnen auf einer tieferen Ebene zu begegnen. Ich möchte Ihnen Möglichkeiten anbieten, mit Ihren Kindern im Gespräch zu bleiben oder erneut mit ihnen ins Gespräch zu kommen. Dabei ist es wirklich ganz wichtig, dass Sie die inneren Bilder, die Ihre Kinder erleben, in keiner Weise bewerten, sondern sie einfach stehen lassen, wie sie sind. Sie können natürlich nachfragen, wie Ihre Kinder die Meditationen empfunden haben, aber kritisieren oder analysieren Sie bitte auf keinen Fall. Wenn Ihre Kinder nicht darüber sprechen möchten, ist auch das ihr gutes Recht. Es sind innere Bilder, die aus sehr empfindsamen Bereichen kommen und nicht infrage gestellt, manchmal nicht einmal geteilt werden dürfen. Bestehen Sie auf eine Analyse oder missbrauchen Sie den Raum, der entsteht, um Ermahnungen und Ihre eigene Wünsche anzubringen, verlieren Sie das Vertrauen Ihrer Kinder. Wenn sich Ihre heranwachsenden Kinder auf diese Meditationen einlassen, dann ist das ein großer Vertrauensbeweis, der wirklich gewürdigt werden sollte.

Vielleicht gehören Sie zu den Menschen, die sich schon länger mit spirituellen Themen beschäftigen. Dann kann es sehr hilfreich sein, Kontakt zu dem Schutzengel oder dem Krafttier* Ihrer Kinder aufzunehmen, denn diese wissen ganz genau, was ihre Schützlinge brauchen. Im Anschluss an diese Einführung biete ich Ihnen, den Eltern, eine Meditation an, mit der Sie das, was durch Sie in das Leben Ihrer Kinder einfließen will und soll, erkennen und in Ihrem Herzen verankern können. Dann können Sie, wann immer Ihr Kind etwas braucht, einfach diesen Strahl aktivieren, sich bewusst damit verbinden und spüren, was es ist – und dies jenseits von allen Erziehungsmodellen und Ideen. Wir verbinden uns mit dem Seelenstrahl des Kindes und erkennen, welchen Dienst wir als Eltern vereinbart haben,

---

* genauere Erklärung des Begriffs auf S. 55

welche Energien durch uns in unsere Kinder einfließen wollen, damit sie zu stabilen und klar denkenden Menschen heranwachsen können.

Es gibt viele Jugendliche, die sehr intuitiv und spirituell veranlagt sind, dies aber von sich weisen oder gar nicht erkennen. Sie sind in einem Alter, in dem es darum geht, sich ganz im »Hier und Jetzt« in völlig »irdischen« Dingen zu behaupten und den eigenen irdischen Platz zu finden. Die Anbindung nach »oben« kommt wieder, wenn Ihr Kind mit beiden Füssen fest verwurzelt ist. So wie der Mensch, wenn er zur Erde kommt, zunächst sein spirituelles Wissen zu verlieren scheint, so kommt dem Jugendlichen offensichtlich in gleicher Weise während der Pubertät sein spiritueller »Draht« vorübergehend abhanden. Seien Sie also bitte nachsichtig und voller Vertrauen. Das klingt einfach und ist in der Praxis fast nicht möglich. Erlauben Sie sich bitte, Ihre Wut, Ohnmacht und das Gefühl, abgelehnt zu werden, zuzulassen und auszudrücken. Der Prozess, den Ihr Kind gerade durchmacht, ist das Eine, aber wir haben nun mal auch die Verantwortung für uns selbst und brauchen uns nicht alles bieten zu lassen. Das Wichtigste ist dennoch, dass Sie verstehen, dass die Aggressionen Ihres Kindes nicht gegen Sie persönlich gerichtet sind, auch wenn es sich so anfühlt, sondern Ausdruck jenes gewaltigen Umbruchs im Kind selbst ist.

Der Engel, den Sie geboren haben, ist nicht verschwunden. Er muss nur seinen Platz auf der Erde finden – und dazu braucht es unter anderem eben auch Ellbogen und Abgrenzung.

Gerade deshalb kann es sehr hilfreich sein, wenn Sie sich in gewissen Abständen immer wieder auf der geistigen und seelischen Ebene miteinander verbinden, damit Sie das Wesen Ihres Kindes immer wieder spüren und wissen, dass es ist noch da ist und Sie uneingeschränkt liebt.

Wenn Sie sich normalerweise nicht mit spirituellen Themen beschäftigen, dann hoffe ich, dass Sie sich hier dennoch willkommen fühlen, denn dieses Buch schreibe ich auch für Menschen wie Sie. Danke, dass Sie es lesen. Ich halte mich, was spirituelle Hintergründe betrifft, in diesem Buch bewusst kurz, damit sich auch jene Menschen wohlfühlen und es nutzen, die einfach nur ein paar Entspannungsübungen für Jugendliche suchen. Ich schreibe dieses Buch, um Jugendliche zu erreichen und möchte es deshalb so zugänglich wie möglich gestalten. Jugendliche selbst und eben alle, die ihre Arbeit mit Jugendlichen noch intensiver und reicher gestalten wollen, sollen angesprochen werden.

Lesen Sie die Texte mit ruhiger Stimme vor, machen Sie Pausen, wo es Ihnen sinnvoll erscheint. Vielleicht gefällt es Ihnen und Ihrem Kind, sanfte Musik (ohne Text) im Hintergrund laufen zu lassen. Vielleicht sind Sie schamanisch ausgebildet, dann nutzen Sie die Trommel, um zu reisen, wenn Ihr Kind das mag. Das Wichtigste ist, dass sich Ihr Kind bei den Reisen wohlfühlt. Fragen Sie

also nach, auf welche Weise es sich am liebsten entspannt und verhandeln Sie nicht. Es ist egal, ob *Ihnen* die Musik gefällt, verstehen Sie? Wenn wir diese Reisen anbieten, sei es, dass wir sie unseren Kindern zugänglich machen oder unseren Klienten angedeihen lassen, dann geht es um denjenigen, der reist, nicht um unseren eigenen Geschmack. Wir leisten damit einen Dienst – um uns selbst kümmern wir uns später wieder.
Es kann helfen, sich zunächst selbst in die jeweiligen inneren Bilder hineinfallen zu lassen, um zu spüren, wo der Hörer Zeit braucht und wo nicht. Bieten Sie Ihren Kindern an, ein paar gemeinsame Minuten zu verbringen, aber seien Sie nicht allzu sehr gekränkt, wenn sie das ab und zu ablehnen. Gerade deshalb brauchen wir ja diese oder ähnliche Texte, eben weil uns unsere Kinder zu entgleiten scheinen und wir den Kontakt nicht in dem Maße halten können, wie wir uns das wünschen.

Einführung

Was brauchen Jugendliche? Diese Frage scheint so schwer zu beantworten zu sein, dass es nur wenige Meditationstexte für Jugendliche gibt. Jugendliche verwirren uns durch ihr scheinbar völlig widersprüchliches Verhalten, wollen Unabhängigkeit, Freiheit und schließen sich am liebsten bei lauter Musik in ihr Zimmer ein, rühren uns dann aber fast zu Tränen, wenn sie Hilfe suchend wie ein kleines Kind vor uns stehen. Was wollen und brauchen Jugendliche? In erster Linie klare, schnörkellose innere Bilder, einen deutlich vorgegebenen geistigen Raum, also viel Führung – aber in aller Freiheit, ohne erhobenen Zeigefinger und ohne Einengung.

Lassen wir uns nicht durch ihr scheinbar abweisendes Gehabe beeindrucken. Wir wissen doch, dass wir alle in dieser Zeit eine riesige Veränderung durchleben müssen. Unser Gehirn reift, und zwar ungleichmäßig; die verschiedenen Gehirnteile werden miteinander verschaltet, andere Verbindungen werden gelöst, einige Anteile reifen sehr rasch, andere retardieren geradezu.

In einer Geo-Studie* las ich folgenden Satz: »Neurobiologisch gesehen, ähneln Heranwachsende einem

*(GEO Wissen Pubertät, Ausgabe 41, 2008)

vollbesetzten Düsenjet, der mit vibrierenden Triebwerken über die Startbahn jagt, während oben im Cockpit noch hektisch an Kontrollinstrumenten und am Navigationssystem geschraubt wird.«

Wir verstehen unsere Kinder deshalb nicht, weil sie sich meistens selbst nicht verstehen. Sie durchleben ein Feuerwerk an inneren Impulsen, die sich oft im Wege stehen, sich gegenseitig blockieren oder auf halsbrecherische Weise verstärken. Sie brauchen Halt, eine klare, gesunde Richtlinie und gleichzeitig sehr viel Verständnis und Freiraum – also genau das, was wir alle brauchen: Liebe, Respekt, Geborgenheit, Freiraum für Entwicklung und Achtung vor dem, was wir entscheiden und erleben. Es ist eine immense Herausforderung für uns Eltern, Lehrer und alle, die wir mit Jugendlichen arbeiten und zu tun haben, denn wir müssen – um unseren Kindern das geben zu können, was sie brauchen – selbst sehr erwachsen sein. Erwachsen sein heißt, selbstverantwortlich und in sich ruhend zu leben, voller Vertrauen in die Strömungen des Lebens. Es bedeutet, zu spüren und zu entscheiden, wo Handlungsbedarf oder eine führende Hand nötig sind und wo wir in Gelassenheit abwarten dürfen, bis der Fluss des Lebens selbst für Lösungen sorgt.
Wenn wir uns Jugendlichen gegenüber als wirklich hilfreich erweisen wollen, dann müssen wir unseren eigenen inneren Jugendlichen und Rebellen beherrschen lernen. Wir müssen – ob es uns gefällt oder nicht – Verantwortung übernehmen und vertrauenswürdig werden.

Um mit Jugendlichen arbeiten zu können, brauchen wir eine stabile innere Mutter und einen stabilen inneren Vater, die gelernt haben, zu sorgen und zu schützen. Unser eigener innerer Jugendlicher, der Teil in uns, der nicht erwachsen werden will und noch immer glaubt, er müsse dem neuesten Trend hinterherlaufen oder (scheinbar) »frei sein«, indem er einfach keine Verantwortung übernimmt, hilft hier nicht.* Auch der Anteil, der es noch immer anderen recht machen will und glaubt, im Sinne anderer funktionieren zu müssen, ist hier wenig hilfreich. Im Gegenteil, Jugendliche fordern unbestechliche Klarheit und Aufrichtigkeit, eindeutige Grenzen und Integrität. Sie bringen uns an den Rand des Wahnsinns, aber sie bringen uns auch an genau die Punkte, die in uns selbst erlöst werden dürfen und sollten.

Kinder, die erwachsen werden, brauchen uns in erster Linie nicht als Freund oder Freundin, sondern sie brauchen uns als Eltern und erwachsene Ansprechpartner. Freunde haben sie unter ihresgleichen. So verführerisch es manchmal sein mag, sich selbst auf die gleiche Stufe zu stellen, so wenig hilfreich ist es oft. Es ist schön, wenn wir auch als Freunde für unsere Kinder da sein können und natürlich müssen wir, um mit Jugendlichen zu arbeiten, nachvollziehen können, wie sie sich

* Echte Freiheit liegt darin begründet, dass wir die Kraft und den Mut haben, Verantwortung für uns selbst und unser Leben zu übernehmen und klar »Ja« oder »Nein« sagen können, uns nicht immer wieder entziehen und damit letztlich weniger frei, als vielmehr haltlos und oberflächlich werden.

fühlen – und das tun wir, denn wir waren ja selbst einmal in diesem Alter. Aber wir dürfen keine Angst davor haben, kleinkariert zu wirken, wenn wir Verantwortung übernehmen, Vernunft fordern, »Nein« sagen und klare Linien aufzeigen. Linien, die sinnvoll sind und dem Leben dienen, nicht der Angst, nicht der angepassten Bequemlichkeit, sondern der schöpferischen Lebendigkeit und der echten Selbstbestimmung. Jugendliche brauchen uns als Vorbilder, als Richtlinien dafür, wie man sein Leben selbstverantwortlich in Freiheit und Klarheit leben kann, wenn man sich auf das Wesentliche besinnt – nämlich auf die innere Stimme, das eigene Gewissen. Wir sind nur uns selbst verpflichtet – aber diese Verpflichtung ist keinesfalls willkürlich, sondern ein inneres und zugleich geistiges Gesetz. Wir spüren ganz klar und genau, was für uns selbst richtig ist und was nicht. Den größten Dienst, den wir unseren Kindern erweisen können, ist, ihnen diese innere Klarheit zu vermitteln und zuzugestehen. Dann werden sie innerlich aufrechte und selbstverantwortliche Mitglieder dieser Gesellschaft, und das ist es, was wir brauchen. Noch immer vor-sich-hin-pubertierende Erwachsene, die dem inneren und äußeren Jugendwahn zum Opfer gefallen sind, haben wir schließlich genug, oder?

Wozu dient die Pubertät eigentlich? In der Hauptsache dazu, geschlechtsreif zu werden. Es ist eine Zeit der Entwicklung, der Entfaltung, der Entpuppung und des Neugeborenwerdens. Das noch kindliche Individuum beginnt, sich auch als sexuelles Wesen zu begreifen und braucht hierzu Freiheit, sich zu entfalten, zudem aber auch sehr viel Schutz und die Sicherheit, immer wieder in die schützende Höhle der Eltern zurückkriechen zu können.

Was aber geschieht tatsächlich? Geht man durch ein beliebiges Bekleidungsgeschäft oder schlägt eine Mädchenzeitschrift auf, bekommt man ein Bild von Weiblichkeit vorgegaukelt, eine Illusion aufgedrängt, die mit Freiheit und Entwicklung absolut nichts zu tun hat. Sexuelle Freiheit bedeutet nicht, mit jedem x-Beliebigen zu schlafen – und schon gar nicht innerhalb dieser so sensiblen Phase der Pubertät. Es bedeutet, sich die Zeit zu nehmen und die Zeit zu bekommen, sich selbst zu entfalten, herauszufinden, wer man als sexuelles Wesen überhaupt ist, wie es sich anfühlt, weiblich oder männlich zu sein, welche Kleidung man tragen möchte, wann man diese neue Macht ausprobieren und wann das kleine innere Kind lieber spielen will. Ab einem gewissen Alter scheint es – besonders für Mädchen – geradezu Vorschrift geworden zu sein, möglichst glitzernd und verführerisch daherzukommen. Jungs müssen cool sein, ob sie wollen oder nicht. Mit welchen Reizen und Informationen überschütten wir diese jugendlichen Gemüter, wie sollen aus Kindern, die auf ihre äußere Wirkung geradezu gedrillt werden, vernünftige, selbstsichere und vor allem reife und innerlich unabhängige, selbstverantwortliche Erwachsene werden? Welche Zehnjährige braucht sexy Klamotten? Welches Kind braucht Gewalt verherrlichende Videospiele und Comics, die sie geradezu erotisch programmieren? Erinnern wir uns: Das gesamte Gehirn wird während der Pubertät neu strukturiert oder überhaupt erst aufgebaut. Für das

Gehirn ist es gleichgültig, ob eine Erfahrung virtuell ist oder im dreidimensionalen Leben stattfindet. Unser Gehirn wird durch unser Erleben programmiert, durch unsere Gefühle, unsere Reaktionen, denn auf diese Art funktioniert auch jeder Lernprozess!
Für das Gehirn ergibt es keinen großen Unterschied, ob wir etwas tatsächlich in der realen Außenwelt durchleben oder als innere Reise erfahren haben. Die Gefühle, die körperlichen Wahrnehmungen, die geistigen Schlussfolgerungen und die damit verbundene Erweiterung dessen, was wir für möglich halten, finden in denselben Gehirnarealen statt. Menschen mit Lähmungen beispielsweise therapiert man unter anderem dadurch, dass sie sich ihre Bewegungen vorstellen. Auch Sportler trainieren ihre Bewegungsabläufe nicht nur körperlich, sondern zusätzlich mental. Besonders im Kampfsport wird diese Art des Trainings angewandt. Während wir uns eine Bewegung vorstellen, sendet das Gehirn Impulse in die Muskelzellen, selbst wenn wir die Bewegung nicht ausführen. Diese Reaktion nennt man Carpenter-Effekt. Der englische Physiologe William H. Carpenter entdeckte 1873 folgende Gesetzmäßigkeit: Die Wahrnehmung oder Vorstellung von Bewegungen führt zu nachweisbaren muskulären Reaktionen und Bewegungsimpulsen, wodurch diese unwillkürlich, ansatz- oder teilweise ausgeführt werden. Sie wirkt nicht nur in Bezug auf Bewegung, sondern auf alle Bereiche unseres Erlebens, Wahrnehmens, Handelns und Denkens.
Was wir uns vorstellen können, was wir mental bereits erlebt haben, ist somit meist auch real möglich. Diese

oft erforschte Tatsache wird vielfältig eingesetzt, zum Beispiel auch beim Meditieren.
Müssen wir also wirklich noch darüber diskutieren, welchen Schaden bestimmte Videospiele anrichten können? Was lernen Kinder dabei? Dass gewalttätig zu sein und zu töten keine Konsequenzen hat! Was soll denn das für eine Information sein?
Die Phase der Kindheit, in der wir – unbehelligt von den äußerst komplizierten Balzritualen und schmerzhaftem Liebeskummer – spielen, unserer Kreativität freien Lauf lassen, die Welt entdecken, lernen und eine innere Basis schaffen, ist sowieso viel zu kurz und oft belastet von Trennungen der Eltern, Umzügen, schulischem Leistungsdruck, Einsamkeit.
Jungs in der Pubertät interessieren sich in erster Linie nicht für Mädchen, sondern sie üben die Machtkämpfe, die Durchsetzungsrituale in ihrer Männerwelt und lernen, sich zu behaupten. Mädchen lernen hingegen, die Aufmerksamkeit von Jungs auf sich zu ziehen. Beide Modelle sind viel zu eng. Jungs bräuchten die Möglichkeit, sich in ihre Welt der Fantasie, der Romantik, des Fühlens und des kreativen Selbstausdruckes zurückzuziehen, anstatt sich andauernd im Kampf um die Alpha-Position behaupten zu müssen*. Und Mädchen bräuchten die Erlaubnis, ungeschminkt und ungestylt zu sein und zu tun, was immer sie eben tun wollen.

* Selbstverständlich gehören diese Kämpfe zum Mann-Sein. Aber der Rückzug in das eigene Erleben ist auch für Männer wesentlich, denn nur hier fließt die eigene Kraft.

Das sind keine neuen Informationen. Aber wenn man sich dies noch einmal bewusst macht, wird offensichtlich, wie wichtig es ist, neue Räume anzubieten, geistige Anregungen zu geben, in denen sich die Jugendlichen auf eine für sie sonst sicher ungewohnte und neue Weise erfahren können. So erhalten wir vielleicht die Chance, einen Teil des Schadens wiedergutzumachen oder zumindest andere, größere Rollenverständnisse anbieten zu können.
In diesem Buch biete ich eine Fülle von Meditationen an, die helfen wollen, Jugendlichen eine klare Ausrichtung zu geben, sie in ihre Kraft zu führen, die besonders die Hirnreifung unterstützen möchten und die Schutz, Geborgenheit und Halt bieten, wenn es nötig ist.

Die besten Gefährten, die sich Kinder und Jugendliche nur wünschen können, sind übrigens Tiere. Es ist erwiesen, dass Jugendliche sich weitaus mehr für ihre Tiere interessieren und sehr viel mehr Kraft und Liebe aus dem Umgang mit ihnen schöpfen, als weithin angenommen wird. Natürlich kann es sein, dass SIE, die Eltern, wieder die ganze Arbeit damit haben. Sie sollten aber vielleicht nicht darauf bestehen, nur dann ein Tier ins Haus zu lassen, wenn Ihr Kind verspricht, sich immer darum zu kümmern, denn ein Tier ist ein zuverlässiger Begleiter, bei dem sich Ihr Kind öffnen kann, sich verstanden und getröstet fühlt, was auch immer es gerade durchmacht – das könnte die Arbeit wert sein.
Manchmal sind Tiere die einzigen Wesen, die ein Mensch überhaupt noch an sich heranlässt, und diesen Schlüssel zum Herzen dürfen wir nutzen – auch für uns

selbst. Wenn sich Ihr Kind also ein Haustier wünscht, dann wägen Sie Arbeit, Kosten und Nutzen ab – der Nutzen ist den Aufwand fast immer wert.

Ich richte mich mit den folgenden Texten an die Jugendlichen selbst, damit Sie, die erwachsenen Leser, diese als Einführung in die Meditationen anbieten und vorlesen können, wenn Sie möchten. Für Jugendliche muss alles ganz klar formuliert werden, sonst verzetteln sie sich in ihren inneren Bildern. Deshalb scheinen die Meditationen teilweise ein wenig zu direktiv zu sein. Wenn Sie beim Lesen das Gefühl haben, Sie könnten oder würden lieber ein bisschen Spielraum lassen, dann fügen Sie ein »vielleicht nimmst du es auch anders wahr« mit ein.
Lassen Sie sich Zeit beim Vorlesen, damit Ihre Gruppe oder Ihre Kinder die inneren Bilder auch tatsächlich in aller Ruhe entwickeln können. Sorgen Sie für eine ruhige Atmosphäre und selbstverständlich achten Sie darauf, dass Sie selbst in dieser Zeit nicht gestört werden. Wenn Sie mögen, dann können Sie beim Vorlesen mitmachen und die inneren Bilder auch auf sich selbst wirken lassen – ein wenig Kraft und Entspannung können wir schließlich alle gebrauchen, oder? Außerdem können Sie sich dann hinterher austauschen, sind nicht nur Zuschauer, sondern mitbeteiligt.
Und nun wünsche ich Ihnen eine gute, ruhige und sehr bereichernde Zeit mit all den Kindern, die Ihnen anvertraut worden sind.
Ob Sie den Text, den ich vor die Meditationen gestellt habe, vorlesen oder nicht, ist Ihnen natürlich freige-

stellt. Vielleicht hilft es aber, ihn selbst zu lesen, damit Sie noch besser verstehen, wozu die jeweilige Meditation dienen möchte.

Eines noch. Am Ende finden Sie eine Meditation, die Ihnen helfen will, gemeinsam mit Ihrem Kind eine Brücke ins nächste Leben zu schlagen. Ich hoffe, Sie werden sie niemals brauchen. Weil wir aber alle sterbliche Wesen sind, möchte ich Ihnen auch dann dienen, wenn Sie Hilfe brauchen, weil Ihr Kind gehen muss. Die Meditation am Ende des Buches will Ihnen eine Möglichkeit bieten, gemeinsam Abschied zu nehmen und auch dann in Kontakt zu bleiben, wenn Worte nicht mehr genügen. Ich hoffe nicht, dass Sie sie jemals brauchen, aber falls doch, bin ich mit aller Liebe und allem Mitgefühl bei Ihnen.

Meditation für Eltern:

Die Anbindung an den Seelenstrahl und den Schutzengel Ihres Kindes

Ich weiß, das Nachfolgende klingt sehr spirituell – und das ist es auch. Lassen Sie sich bitte nicht davon irritieren, ich schreibe das für alle, die sich mit Esoterik bzw. Spiritualität beschäftigen und sich diese Anbindung an den Schutzengel ihrer Kinder wünschen. Ich bitte Sie, lassen Sie es einfach weg, wenn es nicht Ihrem Weltbild entspricht und nutzen Sie die Techniken und Fantasiereisen, die Ihnen dienlich erscheinen und die Sie gut mit Ihrer Sicht der Welt vereinen können. Ich danke Ihnen sehr für Ihre Offenheit.

Können Sie sich vorstellen, dass Sie eine Vereinbarung mit den Seelen Ihrer Kinder getroffen haben? Eine solche Vereinbarung könnte folgendermaßen lauten:

> Ich unterstütze dich dabei, deine Seele in einen Körper zu bringen. Ich wärme, nähre und gebäre dich, ich stelle meinem Samen oder meine Eizelle zur Verfügung und biete dir die Möglichkeit, als Mensch zur Erde zu kommen. Ich bin bei dir und gebe dir Raum, dich zu entfalten. Ich lehre dich alles, was ich dich über das Leben auf der Erde

lehren kann und schütze dich, wie ein Gewächshaus die kleinen Pflanzen schützt. Ich nähre dich, solange es nötig ist und ich stehe als Kanal für all die Energien zur Verfügung, die du brauchst, um auf der Erde anzukommen, so lange, bis du sie selbst in dir halten kannst. Ich erlaube dir, einen Seelenstrahl, der all die Liebe und Fürsorge enthält, die du brauchst, durch mein Herz in dein neu entstehendes Erdenherz zu senden. Ich stelle mein Herz für all das, was du auf der Erde brauchst, zur Verfügung, so lange, bis dein eigenes Herz herangereift ist. Ich erlaube dir, meinen Körper, meine Energie und meine Herzenskraft zu nutzen, um dich hier zu verankern, indem ich als Kanal für all die Energien fungiere, die du dir selbst durch mich schicken willst. Du wählst, welche Energien du brauchst und ich öffne mich dafür, sie dir zukommen zu lassen, indem ich dir mein Herz und meine Lichtbahnen zur Verfügung stelle. Wenn du diese Energie selbst in dir halten kannst, lasse ich diesen Kanal wieder los. Ich weiß, ich brauche die Kraft, die du zum Leben brauchst, nicht aus mir selbst herauszuziehen. Meine Liebe zeigt sich darin, dass ich für deine Energie zur Verfügung stehe, dass ich deinen Seelenstrahlen erlaube, mein Herz zu nutzen. Du kannst dir, wann immer du es brauchst, die Energie holen, die durch mich aus deiner eigenen Seele und den zu dir gehörigen geistigen Reichen zu Erde fließen will. Ich verspreche dir, mein Herz zu öffnen und offen zu halten. Ich verspreche dir, aus dem Herzen heraus zu handeln und deinen

Seelenstrahl um Rat zu fragen. Mein Dienst ist, innerlich beiseite zu treten und Kanal für deine Seele zu sein, und indem ich deinem Seelenstrahl erlaube, mich zu führen, weiß ich immer, was für dich richtig ist. Ich bitte deinen Schutzengel, dein Hohes Selbst und dein Bewusstsein, mich zu dem Vater, zu der Mutter zu machen, die du brauchst, indem ich für diese besondere Energie zur Verfügung stehe.

Wenn wir wirklich als Kanal für die Seelenenergie unserer Kinder zur Verfügung stehen, wenn sie sich also durch uns selbst die Energien schicken, die sie brauchen, um auf der Erde anzukommen, dann fühlen wir uns viel deutlicher und sicherer geführt. Die allzu große Abhängigkeit, aber auch das Gefühl, ein riesiges Opfer zu bringen, hört auf, weil wir wissen, dass die Seelen der Kinder für sich selbst sorgen. Sie benutzen uns dabei als Vermittler. Wenn Ihnen diese Sichtweise dienlich erscheint, dann biete ich Ihnen hier eine Meditation an, mit der Sie diese Verbindung herstellen und stärken können.
Bitte erlauben Sie, dass ich Sie in der Meditation mit »Du« anspreche, ja? Gefällt Ihnen das nicht, dann denken Sie sich bitte ein »Sie«. Vielen Dank dafür.

Meditation: Den Seelenstrahl Ihres Kindes verankern

Legen Sie sich bitte bequem hin, entspannen Sie sich,

bitten Sie jemanden, Ihnen diesen Text vorzulesen oder führen Sie, wenn Sie geübt sind, die Übungen während des Lesens selbst durch.

Bitte deinen Schutzengel und/oder dein Krafttier und die Schutzengel und/oder Krafttiere deines Kindes zu dir und erlaube dir, ihre warme, liebevolle Präsenz zu spüren. Vor deinem inneren Auge entsteht nun eine Lichtsäule, die sich sehr kraftvoll und warm anfühlt, und du trittst ein in diese Lichtsäule. Sie bildet das Tor zu der Ebene, der Dimension, in der du die Seele deines Kindes triffst. Lass dich durchströmen von all dem Licht, lass dich nähren, dich mit Kraft versorgen und dich beruhigen und stärken.
Bitte den Schutzengel und das Krafttier deines Kindes, bei dir zu sein und dich über dein Herz mit der Seele deines Kindes zu verbinden, so, wie das für euch beide richtig und stimmig ist. Nun bitte die Seele deines Kindes, dir genau die Energie, den Lichtstrahl zu schicken, der durch dich für dein Kind auf der Erde zur Verfügung stehen will und sollte. Bitte darum, dass also genau die Frequenz, die Farben durch dein Herz fließen, die dein Kind wie Muttermilch aus seiner eigenen Seele heraus nähren. Erlaube diesem Lichtstrahl, in dein Herz hineinzuströmen und nimm seine Farbe oder seine besonderen Eigenschaften wahr – vielleicht als Gefühl, als Gedanke, als körperliche Empfindung oder als plötzliches inneres Wissen. Bitte nun darum, dass dieser Strahl stabil in dir verankert wird

– und dann sieh in Gedanken dein Kind vor dir. Schicke ihm einen Lichtstrahl aus deinem Herzen heraus, genau den Lichtstrahl, der aus seiner Seele in dich einströmt. Du bist nun Vermittler zwischen der Seele deines Kindes und seinem Herzen. Schau, was geschieht, wenn du es mit seiner eigenen Energie anfüllst. Natürlich fließen auch deine persönliche Liebe, Fürsorge und Energie in das Herz des Kindes, aber der Seelenstrahl ist in diesem Fall besonders wichtig. Wie fühlt es sich für dich an, zu wissen, dass du Vermittler zwischen der Seele deines Kindes und seinem menschlichen Ausdruck bist? Erlaube nun deinem Herz, auf diesen Seelenstrahl zu reagieren, indem du ihm versprichst, deinen Impulsen zu folgen. Entscheide dich dafür, diesen Seelenstrahl immer dann um Rat zu fragen, wenn du nicht weißt, wie du handeln sollst. Damit bittest du die Seele des Kindes selbst, es zu führen und zu leiten. Und wer weiß besser, was dein Kind braucht, was es erleben und lernen darf bzw. muss, als seine eigene Seele? Entscheide dich, deinem Herzen zu folgen, indem du dem Seelenstrahl erlaubst, über dein Herz mit dir zu kommunizieren. Und dann bitte den Schutzengel oder das Krafttier des Kindes zu dir, bitte beide, sich stabil mit deinem Herzen zu verbinden und dir immer genau die Impulse zu geben, die dem allerhöchsten Wohl deines Kindes dienen. Das heißt nicht, dass du ihm alles recht machen sollst! Der Seelenstrahl deines Kindes weiß genau, wann es richtig ist, ihm nachzugeben, aber auch, wann es welche Art von Führung braucht. Vor allem aber kann das Kind aus dieser geistigen Quelle trinken, wann immer das nötig ist. Es verbindet euch auf eine neue, vielleicht nie gekannte Weise und stellt die stetige Versorgung mit seelischer Energie sicher. Du brauchst nie wieder all die mütterliche oder väterliche Energie aus dir selbst heraus zu schöpfen, du erlaubst einfach dem Seelenstrahl, in das Herz deines Kindes zu fließen und es hat alles, was es braucht.

Komme dann in deiner Zeit durch die Lichtsäule wieder zurück und bringe die Anbindung an den Strahl deines Kindes mit in diese physische Dimension, in deine irdische Präsenz.

Ruhe dich noch ein wenig aus und spüre diese neue Energie, die du für dein Kind hütest.

Ich hoffe sehr, diese Meditation dient Ihnen. Wenn Sie möchten, können Sie Ihr Kind bitten, sich mit Ihnen gemeinsam hinzusetzen, sich zu öffnen und den Seelenstrahl aus Ihrem Herzen in sich aufzunehmen. Selbstverständlich können Sie das auch allein, ohne Ihr Kind tun, indem Sie es geistig zu sich bitten und ihm den Strahl aus Ihrem Herzen in sein Herz schicken oder einpusten (falls Sie schamanisch arbeiten). Indem Sie diese Übung durchführen, wird Ihr Kind nie wieder allein sein und Sie werden es immer nähren können, egal, wo Sie sind, denn nun können Sie es immer mit seiner eigenen Energie versorgen.

Fragen, die von Jugendlichen häufig gestellt werden

Wie kann man sich überhaupt selbst treffen?

Nimm das bitte nicht wörtlich, das ist bildlich gemeint und kommt aus der Psychologie. Man hat erkannt, dass es sehr hilfreich ist, wenn man sich vorstellt, dass wir alle aus verschiedenen Persönlichkeiten bestehen, die manchmal miteinander streiten – nämlich immer dann, wenn man nicht weißt, was man tun soll.
Natürlich kannst du dir selbst als Mensch nicht begegnen, außer du glaubst an Zeitreisen. Du kannst dir aber vorstellen, dass du aus verschiedenen Personen und Anteilen bestehst, das geht ganz leicht. Stelle dir einfach vor, du selbst wärst nicht nur der Mensch, den du im Spiegel siehst, sondern du hättest auch noch viele andere Wesen und Personen in dir. Das bist alles du, es ist alles deine eigene Kraft. Weil du aber nicht andauernd dein Aussehen ändern kannst, hat dein Körper eine bestimmte Form angenommen. So sieht man die anderen Teile nicht, aber sie sind dennoch da. Wahrscheinlich ist dir das so vertraut und so normal für dich, dass du es gar nicht mehr bemerkst. Jedes Mal, wenn du mit dir selbst redest oder bei bestimmten Dingen das Für und

Wider überlegst, hast du zwei oder mehrere verschiedene Anteile, die alle gehört werden wollen. Man sieht sie nicht körperlich, aber du spürst sie, nämlich immer dann, wenn sich deine inneren Stimmen zu widersprechen scheinen. Es gibt ein inneres Kind, eine innere Mutter, einen inneren Vater, und vielleicht auch einen inneren Engel …

Wie kann man sein eigener Freund sein?

Wie du eben gerade gelesen hast, gibt es verschiedene Anteile in dir – zumindest ist es hilfreich, sich das so vorzustellen. Du bist nicht unteilbar aus einem einzigen Stück Holz geschnitzt, sondern eher wie ein Puzzle, das aus verschiedenen Teilen besteht. Das bist alles du, keine Sorge. Du kennst das Gefühl, innerlich wie zerrissen zu sein, das sind die verschiedenen Puzzlestücke in dir. Und eines davon kann ein sehr guter Freund für dich sein, einfach, indem du dir vorstellst, dass du mit dir selbst so redest, wie du das mit einem Freund oder einer Freundin tun würdest. Wie gesagt, es ist ein Konzept, eine Vorstellung, die das tatsächliche Wesen eines Menschen zu beschreiben versucht. Ein anderes Bild wäre das des Regenbogens, der aus verschiedenen Farben besteht, die für sich gesehen (aufgrund der Lichtbrechung) alle unterschiedliche physikalische Eigenschaften haben und dennoch gemeinsam eben diesen Regenbogen bilden. So bestehst auch du aus unterschiedlichen Farben, die alle zusammen dich als Person ergeben. Stelle dir vor, du selbst wärest ein Orchester und spieltest eine bestimmte Melodie. Nun weiß vielleicht die Geige nicht weiter, aber die Querflöte kennt die Melodie und unterstützt die Geige. Du selbst bist der Dirigent, der alles im Griff hat. Verstehst du das Konzept? Es soll dir helfen, besser mit dir selbst umzugehen.

Wozu braucht man Energie und woher kommt sie?

Energie heißt auf Deutsch einfach »Tatkraft« und meint »die Fähigkeit eines Systems, Arbeit zu leisten«, wie immer diese Arbeit auch aussieht. Es ist kein Ding, keine Welle, keine feste Größe, sondern ein Begriff für eine Kraft, die dafür sorgt, dass du lebst, dich bewegen kannst, dass deine Verdauung funktioniert, dass du Musik hören und Farben sehen kannst und dass dein Herz schlägt. Alles Leben braucht Energie, sei es das Sonnenlicht, die Energie aus der Nahrung, die Liebe anderer. Das ist Energie, also »Kraft« in verschiedenen Formen.

Deine Aufmerksamkeit zum Beispiel ist Energie. Das kannst du ganz leicht testen: Stelle dich einer Freundin oder einem Freund gegenüber und richte deine volle Konzentration, deine volle Aufmerksamkeit auf die Person, die dir gegenübersteht. Frage, wie sich der andere dabei fühlt. Dann nimm diese Aufmerksamkeit bewusst weg, beachte sie oder ihn nicht mehr, bleibe aber an der gleichen Stelle stehen – und frage, wie sie sich jetzt fühlt! Energie kannst du nicht messen, du kannst nur ihre Auswirkungen erkennen – genauso wie du elektrischen Strom nur daran erkennen kannst, dass am Ende der Leitung zum Beispiel eine Glühbirne aufleuchtet. Selbst wenn man Strom misst, so misst man lediglich den Effekt, nicht die Bewegung der Elektronen selbst. Du kannst also Energie an ihren Auswirkungen erkennen. Wenn Energie in dir fließt, spürst du sie, indem du dich kraftvoll, konzentriert, unternehmungslustig und gesund fühlst.

Wie kommt Energie in den Körper hinein und was bewirkt sie dort?

Man geht davon aus, dass es im Körper Energiezentren, sogenannte Chakren, gibt, durch die Energie in den Körper hineinfließt (diese befinden sich vor allem am Kopf bzw. über dem Scheitel, zwischen den Augen, am Hals, am Herz, am Magen, am Bauch und am Steißbein) – zudem erzeugt der Körper natürlich selbst jede Menge Energie! Wenn du etwas isst, so wandelt dein Körper diese Nahrung in jene Energie, die er braucht, um zu wachsen, zu lernen, sich zu bewegen, das Herz schlagen zu lassen, Wunden zu heilen – eben, um zu leben. Die Energie, über die wir in diesem Buch reden aber ist freie Lebensenergie. Sie ist eine Art Vorstellung, denn wie ich es dir eben schon erklärt habe, kannst du diese Energie nur an ihren Auswirkungen erkennen. Du spürst vielleicht, wenn du einen Raum betrittst, ob »dicke Luft« herrscht, weil andere Streit hatten, oder ob du leicht und entspannt atmen kannst. Diese Energie, über die wir hier reden, ist also spürbar, aber sie ist nicht greifbar oder wissenschaftlich nachweisbar. Du kannst sie in dich aufnehmen, indem du dich für sie öffnest – und du öffnest dich dafür, indem du dich entscheidest, sie in dich einfließen zu lassen – so, als wärest du eine Stromleitung. Die Energie fließt über die Chakren in den Körper hinein und erhöht so das Energieniveau – als würde auf einmal mehr Strom fließen und die Lampe heller brennen. Damit fühlst du dich leichter, lebendiger, die Prozesse in den Zellen funktionieren besser, und du bist wacher und konzentrierter. Energie kommt in verschiedenen Formen daher, hier reden wir über eine Form, die frei verfügbar ist und die wir über den Geist erreichen können. Wir nehmen sie über unsere Gefühle, über unseren Körper und über innere Bilder wahr.

Wie rauben wir anderen Menschen Energie, und wie bekommen wir Energie zurück?

Wir rauben anderen Energie, indem wir zum Beispiel ihre Aufmerksamkeit fordern, sie nerven, sie nicht in Ruhe lassen und ihr »Nein« nicht akzeptieren. Du raubst deiner Mutter Energie, wenn du ihr sagst, sie soll dir was zu Essen machen. Vielleicht tut sie es gern, weil sie dich liebt und schenkt dir damit diese Energie. Dann hast du nicht nur dein Essen auf dem Tisch, sondern auch noch die Liebe und Fürsorge, mit der sie dir das Essen kocht, erhalten. Egal wie, auf jeden Fall bekommst du Energie von ihr. Du raubst anderen Energie, indem du etwas von ihnen verlangst – sei es Geld,

eine Erklärung, einen Rat, Liebe, den Sitzplatz im Bus. In den meisten Fällen geben wir diese Energie gern, wir sind soziale Wesen und wir bekommen ja etwas dafür zurück. Denn du schenkst anderen Energie, indem du Danke sagst, indem du sie anlächelst, nun ihrerseits für sie da bist und etwas für sie tust. Stellt dir deine Mutter also das Essen auf den Tisch, dann gibt sie dir Energie – in Form von Nahrung, in Form von Aufmerksamkeit und Liebe, in Form von Geld, denn sie hat diese Nahrung gekauft und in Form von Zeit, denn sie hat sie gekocht. Sagst du nun »Danke« und lächelst sie an, dann gibst du ihr Energie zurück und ihr seid quitt. Deshalb ist ein aufrichtig gemeintes »Danke« so wichtig, es gibt dem anderen die Energie zurück, die er dir gegeben hat!
Raubt dir aber nun ein anderer Energie, indem er dich nervt, dich nicht in Ruhe lässt oder einfach nur andauernd Aufmerksamkeit auf sich ziehen will, so kannst du diese Kraft nicht zurückbekommen – du kannst aber aufhören, sie ihm zu geben. Ein wichtiges Wort ist das schlichte »Nein« – nutze es, wenn du merkst, dass dir jemand Kraft wegziehen will. Sogar wenn dir jemand das Blaue vom Himmel herunter verspricht – wenn du spürst, du willst etwas nicht, dann sage »Nein«. Es ist *deine* Lebenskraft und *du* entscheidest, wohin sie fließen soll und wohin nicht. Wenn du anderen keine Kraft mehr rauben willst, so ist es wirklich sinnvoll, sie einfach zu fragen, ob sie einen Moment Zeit für dich haben, wenn du etwas von ihnen willst. Sagen sie »Ja«, dann raubst du ihnen keine Energie, denn du bittest sie ja darum. Wenn du dann noch »Danke« sagst, ist

alles ok. Sagen sie »Nein«, nun, dann ist es an dir, das zu respektieren! Sonst bist du ein Energieräuber. Dann sieh zu, dass du woanders bekommst, was du brauchst, zum Beispiel, indem du deinen Schutzengel darum bittest, dich dorthin zu führen, wo das, was du brauchst, auf dich wartet.

Nutze beispielsweise die Übung mit der »goldenen Acht«, die ich später noch vorstellen werde, wenn dir jemand Energie raubt oder wenn du spürst, dass du das selbst tust. Du bekommst die Energie zurück, indem du sie dir aus der kosmischen Lebensenergie herbei rufst, die dich umgibt. Dabei helfen dir die Übung mit der Lichtsäule und die Übung »Die Kraft der goldenen Herzen« sicher gut. Probiere es bitte einmal aus, stelle dir vor, jetzt beim Lesen, dass Lebensenergie in dich einströmt, auch wenn du nicht weißt, wie diese aussieht. Es ist immer ganz hilfreich, sie dir als Licht oder als Farbe vorzustellen, denn diese Vorstellungen kommen der tatsächlichen Wirkungsweise am nächsten.

Wer ist der innere Führer?

Der innere Führer ist in erster Linie eine Vorstellung, aber eine, die tatsächlich funktioniert. Du gehst davon aus, es gäbe einen Anteil in dir (du erinnerst dich an das Orchester?), der ein wenig bewusster und weiser ist als du selbst. Du fragst eine Art inneren Lehrer, der deine Seele und deine Aufgaben kennt, um Rat. Dazu musst du natürlich davon ausgehen, dass so etwas wie eine Seele überhaupt existiert, sonst ergibt auch der

Führer wenig Sinn. Wenn du also eine Seele hast, ein großes Licht- oder Kraftfeld, das zwar in Gestalt eines menschlichen Wesens auf die Erde kommen kann, aber auch ohne Körper existiert, dann kann es sehr hilfreich sein, dir vorzustellen, deine Seele würde dich führen und leiten. Ich sage »Innerer Führer«, damit du dir das besser vorstellen kannst. Wir benutzen einfach Bilder, um die verschiedenen inneren Stimmen zu unterscheiden. Man könnte es auch so umschreiben, dass du auf dein Herz hören oder deinem gesunden, klaren Menschenverstand folgen sollst. Das Bild von der inneren Führung soll dir ein Gefühl von Sicherheit geben, dass es jemanden in dir gibt, der weiß, was er tut und dem vor allem klar ist, was für dich gut ist und was nicht. Diese Kraft gibt es wirklich, das haben schon sehr, sehr viele Menschen vor dir festgestellt – also warum nicht diese Vorstellung eines inneren Führers, der wie ein Schutzengel über dich wacht, nutzen?

Warum ist er bei uns?

Gute Frage – weil wir ihn brauchen, ganz einfach. Würdest du immer deinem Herzen oder deinem gesunden Menschenverstand, deinem inneren klaren Gefühl für richtig und falsch folgen, dann bräuchtest du ihn nicht Aber weil wir als Menschen so vielen Versuchungen ausgesetzt sind, weil wir alle vergessen haben, dass wir Energie einfach bekommen können, indem wir darum bitten, weil wir alle um Liebe und Aufmerksamkeit kämpfen, weil wir Angst haben, verletzt zu werden …

weil, weil, weil … deshalb brauchen wir eine innere Kraft, die den Überblick behält. Du kannst dir das ganz leicht vorstellen – du verliebst dich in einen Jungen oder ein Mädchen und weißt genau, er oder sie fände dich sehr viel cooler, wenn du zum Beispiel rauchen würdest. Nun hast du ein Problem! Du willst dem Mädchen oder dem Jungen gefallen, du willst aber nicht deine Gesundheit aufs Spiel setzen. Also, was machst du? (Dass er überhaupt raucht, zeigt übrigens schon, dass er nicht seiner inneren Führung gefolgt ist!) Vielleicht ist das nun keine wirkliche Frage, denn du fängst natürlich gar nicht erst an zu rauchen, und wer dich wirklich liebt, liebt dich so, wie du bist. Ja, klar. Das wissen wir, aber wenn wir uns verlieben oder etwas haben wollen, interessiert uns das vielleicht nicht mehr besonders. Bestimmt kennst auch du diese innere Zerrissenheit, wenn du eigentlich weißt, was gut für dich ist, dir aber nicht klar bist, wie du es umsetzen sollst … dann wird es Zeit, dass du mit deinem inneren Führer in Kontakt kommst. Außerdem brauchst du ihn immer dann, wenn dich das Leben beutelt, dir Schmerzen und Leid zufügt, wenn sich deine Eltern streiten oder gar scheiden lassen, wenn jemand stirbt, wenn dich ein Lehrer nervt, wenn dich eine Mitschülerin nicht leiden kann oder du Mathe nicht kapierst und verzweifelst – dann brauchst du einen inneren Führer, der dich tröstet, dir einen klaren Blick gibt und dir zeigt, wie es für dich weitergehen kann. Wärest du ein Engel im Himmel, bräuchtest du keinen. Aber das Leben auf der Erde mutet uns so viel zu, dass ein innerer Führer ein wahrer Segen sein kann. So ist es sehr hilfreich, ihn kennenzulernen, damit du eine innere Kraft hast, die dich trägt, wenn du nicht weiterweißt.

Bewusst atmen

Basisübung, um zur Ruhe zu kommen.
Für alle, die neben sich zu stehen scheinen, ungelenk und unglücklich in ihrem Körper wirken.

Gerade weil sich so viel in dir verändert, kann es sein, dass du dich selbst gar nicht mehr spüren willst. Vielleicht gefällst du dir auch überhaupt nicht, fühlst dich zu dick oder dünn, zu groß, klein oder einfach irgendwie plump und unförmig. Das ist kein Wunder, verändert sich doch wirklich gerade alles in dir, deine Gliedmaßen scheinen irgendwie nicht mehr zusammenzupassen und du weißt nicht mehr, wer du eigentlich bist. Du reifst heran und das nervt dich entweder oder du kannst es kaum erwarten – wahrscheinlich beides, je nach Tagesform. Vielleicht wirst du auf einmal anders wahrgenommen, möglicherweise reagieren sogar deine Eltern ein wenig unsicher auf dich, weil sie nicht mehr genau wissen, wie sie mit dir umgehen sollen. Auch das ist kein Wunder, denn du weißt es ja oft selbst nicht …
Hier ist eine Übung, die dich ganz einfach immer wieder in deine Mitte zurückführt, eine Basisübung, mit der du dich entspannen kannst. Bitte teile sie mit deinen Freunden. Je mehr du dich selbst mitteilen kannst, umso leichter überstehst du diese schwierige Zeit der Veränderung und umso reicher fühlst du dich dabei.

Wenn du lieber allein bist oder im Moment keine Person deines Vertrauens hast, dann wisse, du bist *nie* allein. Du selbst bist bei dir und das ist letztlich sowieso das Einzige, das wirklich zählt. Es ist überaus wichtig, dass du eine gute Beziehung zu dir selbst herstellst. So nutze die Chance, wenn du dich allein fühlst, und sei selbst dein bester Freund – denn du wirst dich selbst nie verlassen, du kannst zu hundert Prozent auf dich selbst zählen. Das gibt dir in jeder Situation tiefe Sicherheit, egal, was das Leben für dich bereithält.

Meditation:

Lege oder setze dich nun bequem hin, so wie es für dich angenehm ist. Erlaube dir, zur Ruhe zu kommen. Dein Atem darf kommen und gehen, so, wie es ihm gefällt.
Schau ihm einfach nur zu, wie er kommt und geht, sanft fließend kommt und geht, fast wie von selbst – ganz ruhig und gleichmäßig.

Du darfst ihn begleiten auf seinem Weg in deinen Körper hinein und wieder hinaus. Nutze deinen Atem, um deine Aufmerksamkeit auf dein Inneres zu lenken, du darfst ganz bei dir sein. Es gibt nun nichts mehr zu tun, du darfst fließen lassen, alles geschehen lassen, wie von selbst.
So wie ein Windhauch strömt dein Atem in deinen Körper hinein und aus ihm heraus.
Lass es einfach geschehen, so wie es kommt, er-

laube deinem Atem zu kommen und zu gehen, ganz sanft und erfrischend.
Vielleicht magst du mit jeder Ausatmung loslassen, was dich schwer macht und beschäftigt. Jede Ausatmung reinigt deinen Körper und deine Seele, wenn du einfach alles nach außen abgibst.
Mit jeder Ausatmung wirfst du Ballast ab, das schafft Raum für das, was dir wirklich wichtig ist.
Mit jeder Einatmung dagegen nimmst du die Energien und Kräfte auf, die du brauchst, die dich erfüllen und glücklich machen.
Lass es geschehen, ohne zu fragen, was es ist. Lass es einfach geschehen. Deine Seele weiß genau, welche Energien du brauchst, um stabil, glücklich und erfüllt zu sein.
Vielleicht tut es dir gut, dir diese Energien als Farben, als Licht oder als angenehme Düfte vorzustellen. Atme sie ein, nimm sie in dich auf und erlaube, dass sie genau dahin fließen, wo du sie brauchst und wo sie dir gut tun.
Dein Körper weiß das sehr genau, deine Aufgabe ist nur, es zuzulassen und nachzuspüren. So beobachte deinen Atem dabei, wie er dich ganz von selbst reinigt, mit neuer Energie versorgt, deinen Körper belebt, mit allem, was du brauchst.
Vielleicht entsteht ein Licht vor deinem inneren Auge, das du einatmen willst, ein belebendes, reinigendes und sehr heilsames Licht, das dich beruhigt und dir tiefe Geborgenheit vermittelt. Vielleicht erkennst du beim Ausatmen, dass dunkle oder schwere Energie deinen Körper verlässt, wie Rauch

vielleicht. Dann freue dich, dass dein Körper bereit ist, soviel Altes loszulassen, das ist vollkommen in Ordnung so. Wir alle tragen Altes mit uns herum, das darf so sein, und je entspannter du es einfach wieder loslässt, desto freier und leichter fühlst du dich.
Wann immer du nun das Gefühl hast, ein bisschen Ruhe und Entspannung, neue Energie und inneren Raum zu brauchen, nutze den Atem, um dich mit allem zu versorgen, was dir gut tut und um alles loszulassen, was du nicht mehr brauchst, ja?

Diesen Text fügen Sie so oder in ähnlicher Weise bitte immer am Ende hinzu:

Ganz von allein kommst du nun in aller Ruhe in den Raum zurück, in dem du dich befindest, öffnest irgendwann deine Augen, behalte aber die Ruhe und innere Freiheit in dir, auch wenn du nun wieder ganz im Hier und Jetzt ankommst.
Ruhe dich noch ein wenig aus und denke, wenn du willst, über das Erlebte nach.

Übung:

Um die Wirkung des Atems noch zu verstärken, besorge dir ein Duftlämpchen und probiere verschiedene Duftöle, Duftkerzen oder Räucherstäbchen aus – Vanille, Lavendel oder Rose geben dir vielleicht Geborgenheit, Orange belebt, Zitrone erfrischt dich und Pfefferminz klärt deine Gedanken. Bitte nimm nur reine ätherische Öle, die dich nicht süchtig machen, sondern dir wirklich guttun – und dass Marihuana und Tabak nicht dazu gehören, ist dir bitte klar, oder? (Ich muss das schreiben, weil ich mit diesem Buch eine Verantwortung trage. Ich bitte dich, genau zu schauen, was dich wirklich nährt und trägt. Lass alles andere stehen, du verlierst sonst den Kontakt zu dir selbst. Das macht süchtig, weil du dich selbst nicht mehr spürst und etwas an die Stelle tritt, an der du selbst und deine eigenen Gefühle und Gedanken stehen sollten.)

Kurzmeditationen:

Fünfminütige Fantasiereisen zum Üben und als rasche Hilfe. Diese inneren Reisen sind sehr wirksame Basisübungen. Jugendlichen genügen diese kurzen inneren Reisen zu Beginn oft bereits.

Die nachstehenden Fantasiereisen sollen dich mit den Techniken vertraut machen, die dir die Möglichkeit geben, ganz schnell zu deiner Kraft zu finden. Es ist hilfreich, sie zu üben, damit du sie immer dann, wenn du sie brauchst, sofort anwenden kannst. Stell dir einfach die folgenden Bilder vor und schau, was mit dir geschieht. Irgendwann bekommen diese Bilder ein Eigenleben und daran erkennst du, dass das nicht nur Vorstellungen sind, sondern dass da tatsächlich Energien wirken.

Der Wasserfall

Schließe deine Augen und stelle dir bitte einen wunderschönen Wasserfall vor. Er funkelt und glitzert in der Sonne. Das Wasser hat genau die Temperatur, die dir angenehm ist, erfrischend kühl oder wohlig warm. Wenn du willst, dann zieh nun in Gedanken deine Kleidung aus, wenn es sich aber

für dich besser anfühlt, dann behalte ein T-Shirt an. Stelle dich unter diesen Wasserfall und genieße das Prasseln auf deinen Schultern. Stelle dir vor, dass dieser Wasserfall alles Schwere von dir abwäscht, allen Schmutz aus dir herauslöst, auch den, der dir gar nicht bewusst ist. Das Wasser weiß genau, was es abwaschen soll und was nicht. Der Wasserfall hat magische Kräfte und kann alles abwaschen, was dir nicht mehr dient, was dich schwer und traurig sein lässt. Er reinigt dich auch von innen, und gleichzeitig versorgt dich das Wasser mit frischer Lebensenergie. Erlaube, dass all der Schmutz, von dem du wahrscheinlich gar nicht wusstest, dass du ihn mit dir herumschleppst, abfließt. Der Wasserfall mündet in ein kleines Becken, von hier aus strömt das Wasser in einen Fluss. Es nimmt alles Schwere, Dunkle mit sich. Für den Fluss ist das kein Problem, das Wasser bleibt rein und klar, der Schmutz setzt sich einfach ab und wird ein Teil des Flussbettes, ernährt die Pflanzen und Tiere, die im Schlamm leben.
Bleibe solange unter dem Wasserfall stehen, wie es sich gut anfühlt, solange, bis du dich frisch und klar fühlst.
Am Rand des Beckens findest du flauschige Handtücher, trockne dich ab und zieh dir neue Kleidung an. Neben den Handtüchern liegt auch ein neues Gewand am Beckenrand, ein Gewand, das dir genau die Energie gibt, die du brauchst: licht, leicht und fröhlich oder tröstend, schützend und wärmend – so, wie es jetzt für dich nötig ist.

Bleib noch ein wenig liegen, und wenn du so weit bist, komm zurück und öffne die Augen, behalte aber das Gewand in deiner Vorstellung an.

Wann immer du dich schwer fühlst, stell dich in Gedanken unter den Wasserfall und lass ihn alles Negative abwaschen.

Das reinigende Feuer

Wie immer machst du es dir bequem und schließt deine Augen. Stelle dir bitte einen wunderschönen Wald vor. Es herrscht die Jahreszeit, die du am meisten liebst. Du gehst ein wenig spazieren, nimm dir dafür Zeit. Vielleicht entdeckst du ein Tier, das sich von dir streicheln lässt, vielleicht bemerkst du ganz besonders schöne Pflanzen. Genieße den Spaziergang, entspanne dich. Irgendwann kommst du zu einer Lichtung, einem zauberhaften Platz mitten im Wald. Mächtige Felsen und große Bäume schützen diesen Ort, und du fühlst dich wie in einem Märchenwald. In der Mitte der Lichtung brennt ein Feuer. Du setzt dich an das Feuer und fühlst die angenehme Wärme, hörst das Prasseln und schaust in die Flammen. Auf einmal kommt dir der Gedanke, dass du alles, was dich schwer macht und dich bedrückt, in dieses Feuer hineinwerfen könntest. Du denkst vielleicht ein wenig darüber nach, weißt nicht, ob du das wirklich willst und ob es ok ist – und auf einmal hörst du eine

Stimme. Sie scheint direkt aus dem Feuer selbst zu kommen. „Ich bin das Feuer der Reinigung", hörst du die Stimme sagen, „alles, was du mir schenkst, verwandelt sich in Kraft und in Licht, strömt als Bewusstsein zu dir zurück".

Das hört sich für dich an wie eine gute Idee, und du beginnst, in Gedanken alles, was dich belastet, nervt oder wütend macht, in das Feuer zu schicken. Auf einmal bemerkst du, dass du einen schweren Mantel trägst, einen Rucksack oder alte, ausgetretene und unbequeme Schuhe, vielleicht sogar einen Helm auf dem Kopf. Jedenfalls spürst du plötzlich, dass du diese Lasten wie ein Gewicht mit dir herumträgst, nicht nur gedanklich, sondern auch in Form einer echten Last. Du schälst dich aus dem schweren Mantel, nimmst den Helm ab, schlüpfst aus den viel zu unbequemen Schuhen und wirfst den Rucksack von dir. Du wirfst alles ins Feuer und die Flammen lodern hoch auf. Vielleicht ändert das Feuer sogar seine Farbe. Du fühlst dich unendlich erleichtert, vielleicht auch ein bisschen traurig, aber vor allem leichter und freier. Nun strömt die Energie, die in den belastenden Kleidungsstücken gebunden war, als Wärme zu dir zurück – oder zu den Menschen, für die du diese schweren Lasten getragen hast. Es kann sein, dass es gar nicht *dein* schwerer Mantel war und auch nicht *dein* Rucksack, denn jetzt fließen Licht und die Wärme dahin, woher diese Lasten kamen. Das fühlt sich sehr gut an, befreiend und heilsam.

Du bleibst so lange an dem Feuer sitzen, wie sich

das für dich gut anfühlt. Du weißt jetzt, dass du – wann immer dich etwas bedrückt – es diesem heilenden und reinigenden Feuer übergeben kannst. Die gebundene Energie wird als Licht und Wärme zu dir zurückfließen

Übung:

Wenn du magst und wirklich vorsichtig bist, dann kannst du alles, was dich belastet, auf kleine Zettel schreiben, ein Feuer anzünden und die Zettel einen nach dem anderen hineinwerfen. Mache das ruhig zusammen mit deiner besten Freundin, und wenn ihr ganz mutig seid, dann lest ihr euch vorher gegenseitig vor, was auf dem Zettel steht. (Natürlich tust du das in einem geschützten, sicheren Rahmen und nur mit Erlaubnis, vielleicht in der Feuerschale eures Grills, im Kamin oder an einem geschützten Ort. Ich schreibe diese Übung hier hinein, aber es ist klar, dass du wirklich aufpasst, ok?)
Spüre, was in dir ausgelöst wird, wenn du dein Problem auf den Zettel schreibst und wirf ihn dann ins Feuer. Stelle dir vor, dass durch das Verbrennen auch all die schwere Energie aus dir herausströmt, die dich dieses Problem kostet, und vertraue, dass es sich nun zu lösen beginnt.

Kraft aus der Erde tanken

Stelle dich bitte ganz bewusst und fest auf die Erde – oder mache es dir bequem und stelle dir vor, dass du fest und sicher auf der Erde stehst. Nun stelle dir bitte vor, es gäbe unter deinen Füßen einen leuchtenden Energieball, ungefähr fünfzig Zentimeter tief in der Erde. Er glüht dunkelrot oder goldbraun, strahlt wärmende und Halt gebende Energie aus. Du spürst, dass diese Energie in deine Füße hineinströmt, dir ein gutes Gefühl gibt und dich fest und sicher auf der Erde verankert, ohne dich zu binden. Du bleibst frei und leicht, wirst aber zugleich gewärmt und gehalten. Während diese Energie in dich hineinfließt, erkennst du, dass der Energieball selbst aus der Erde gespeist wird. Es gibt ein riesig großes, warmes und golden leuchtendes Herz im Inneren der Erde, das siehst du nun vor deinem inneren Auge. Du erkennst, dass dein Energieball aus diesem Herzen heraus erleuchtet und genährt wird. Im Energieball wird die Kraft aus der Erde so verändert, dass sie für dich und deinen Weg passt. Wenn du magst, kannst du natürlich auch direkt Kraft aus dem Herzen der Erde bekommen, probiere für dich aus, was sich besser anfühlt. Wann immer du ein wenig Zeit hast und Kraft brauchst, stelle dir diesen Energieball vor und erlaube seinem Licht, in dich hineinzufließen. Fühle die Kraft und die Wärme und wisse, dass du von nun an immer mit Lebenskraft versorgt bist, wenn du dich nur dafür öffnest.

Dein Krafttier treffen

Mache es dir bequem und stelle dir bitte ein Tor vor, zum Beispiel einen Eingang zu einer Höhle, ein von Menschen angefertigtes Tor, ein natürlich gewachsener Durchgang ... Lass dir Zeit damit, aber entscheide dich für ein inneres Bild, es spielt gar keine Rolle, wie dieses Tor nun genau aussieht. Viel wichtiger ist, was nun geschieht: Du gehst durch dieses Tor hindurch und rufst dein Krafttier *, indem du es bittest, sich dir zu zeigen. Lass bitte all deine Ideen darüber, wen oder was du gerne als Krafttier hättest, los und öffne dich für das, was nun kommt, es kann sein, dass es dir gar nicht gefällt. Wenn du vor deinem inneren Auge ein Tier siehst, dann frage es bitte, ob es dein Krafttier ist und sieh, ob es antwortet. Sagt es „Ja", ist alles gut, sagt es „Nein", dann frage, ob es dich zu deinem Krafttier führen kann.

---

* Krafttiere sind euch in der Seele tief verbundene Wegbegleiter, ähnlich wie Schutzengel, aber mit einer anderen Energie. Sie stellen euch ihre besonderen Eigenschaften zur Verfügung und helfen euch, wenn ihr sie bewusst annehmt, euer irdisches Leben zu meistern. Diese Krafttiere begleiten euch auf der Reise durch euer Leben. Sie schenken euch Stärke, bieten Schutz und wirken als unsichtbare Ratgeber und Helfer. Die Krafttiere wirken als Mittler von Botschaften aus der spirituellen, aber auch aus der ganz konkreten irdischen Welt und können euch daher auch zu einem höheren Bewusstseinszustand führen, wenn ihr sie bewusst ansprecht und kennenlernt. Krafttiere können im Laufe des Lebens wechseln. Das euch begleitende Krafttier kennenzulernen, kann lebensverändernd sein, weil viele dadurch einen ganz neuen Zugang zur ihrer eigenen Kraft und Weisheit finden. Zum einen könnt ihr euch die hilfreichen Botschaften und Energien eurer Krafttiere zunutze machen und zum anderen werdet ihr nie mehr das Gefühl haben, allein, hilflos oder einsam zu sein.

Es bringt dich nun zu deinem Krafttier und irgendwann erkennst du es. Wieder ist es nicht wichtig, ob es dir gefällt oder nicht, vertraue bitte deinen inneren Bildern und lass sie sein, wie sie sind. Frage es nun bitte, welche besondere Kraft es dir bringt und was es von dir braucht. Versprich ihm, das zu tun, was es dir aufträgt. Eventuell kannst du das auch jetzt, während du es triffst, tun. Vielleicht ist es verletzt und braucht deine Hilfe, vielleicht braucht es etwas zu trinken oder zu fressen, vielleicht ist es gar in einer Falle gefangen und will befreit werden. Sorge dafür, dass es dem Krafttier gut geht und fühle seine Kraft und die Freude, ihm endlich zu begegnen! Du hast nun einen guten Begleiter und einen treuen Freund an deiner Seite und immer, wenn du Rat brauchst, kannst du dich an dein Krafttier wenden.
Verabschiede dich nun von ihm oder nimm es einfach mit, tritt wieder durch das Tor und komm zurück in den Raum, in dem du dich befindest.

Deine Energie erhöhen

Für alle, die ein wenig kraftlos wirken, aber auch für ehrgeizige Jugendliche. Vermutlich ist es überhaupt sinnvoll, diese Technik zu kennen. Ganz besonders hilfreich ist diese Übung, um ungesunde Verhaltensweisen zu erkennen und die dadurch scheinbar gewonnene Energie durch eigene Seelenkraft zu ersetzen

Beginnst du gerade etwas Neues oder wird es Zeit, dass einige im Moment brachliegende Bereiche deines Lebens endlich ins Fließen kommen? Dann wisse, dass jedes Projekt, jeder Lebensbereich Energie braucht, um sich kraftvoll zu bewegen. Wenn ein Lebensbereich noch ein wenig holprig läuft, dann kann es sein, dass deine Energie nicht ausreicht, um alle deine Wirkungsfelder zu versorgen. Stelle dir das bitte vor wie eine Wasserquelle: Sie hat nur eine bestimmte Durchflussmenge und du kannst nur die Bereiche mit Wasser versorgen, für die das Wasser ausreicht. Zum Glück aber können wir jederzeit unsere Energie erhöhen: Wenn du also einen Bereich deines Lebens auf der Erde verwirklichen willst, ohne die Energie woanders abzuziehen, dann bitte einfach einen Schutzengel, für dein Projekt auf die

Erde zu kommen. Öffne deinen inneren Kanal ein Stück weiter und sieh, wie mehr Energien in Form von Farben oder Licht in dich einfließen und durch dich hindurchströmen.

Meditation:

Stelle dir vor, es gäbe im Inneren der Erde ein Herz, das dich und deine Seelenenergie sanft, aber stabil aus dem Kosmos durch deinen Körper auf die Erde zieht. Du spürst den Zug, und er fühlt sich sehr gut an, lässt dich frei und hält dich dennoch sicher am Boden. Und nun beginnt das Herz der Erde, einen weiteren Strahl deiner Seele auf die Erde zu ziehen, den Strahl, den du für dein neues Projekt brauchst. Du öffnest dich mehr und mehr dafür, nimmst vielleicht die Farbe oder die Qualität deiner Energie wahr – mehr gibt es nicht zu tun. Es kann sein, dass du spürst, du kannst dich nicht weiter öffnen. Vielleicht nimmst du gar Blockaden in deinem Inneren wahr. Es kann sein, dass du körperliche Beschwerden bekommst, dann spürst du die Stellen, an denen du deine Energie blockierst. Du wirst deine Gründe haben, aber nun darf es sich vielleicht ändern. Frage deinen Schutzengel oder dein Krafttier, auf welche Weise du deine eigene Energie blockierst. Es sind meistens Gedanken oder Verhaltensweisen, die unsere Energie am Fließen hindern. Bitte dein Krafttier, dich darauf aufmerksam zu machen, bitte es um

Hilfe dabei, dieses Verhalten aufzugeben und öffne dich für neue, gesündere Weisen, mit den Dingen umzugehen.
Spüre, wie nun mehr und mehr Energie durch dich hindurchfließt, wie das Herz der Erde sie sanft durch dich hindurchzieht und in sich aufnimmt. Vielleicht bekommst du einen neuen Lichtstrahl in einer bestimmten Farbe, vielleicht spürst du mehr Wärme oder dass dein Herz schneller schlägt – wie auch immer du es wahrnimmst, bleib in der Offenheit und sorge dafür, dass du mehr und mehr Energie in deinem Körper halten kannst, indem du dich bewusst dafür öffnest.
Komm dann zurück in den Raum, in dem du dich befindest, erinnere dich aber immer wieder daran, dass deine Kraft aus deiner Seele in deinen Körper und von da aus in die Erde weiterströmt.

Dazu hast du vielleicht einige Fragen, ich beantworte dir hier die zwei, dir mir einfallen:

Wo ist denn diese Seele und ist sie nicht sowieso im Körper, wenn ich ein Mensch bin?

Bitte versteh, dass alles, was wir hier gemeinsam erleben und erforschen, nicht sichtbar, sondern nur fühlbar (und auch das nicht für jeden) ist. Es sind Ebenen der Wahrnehmung, die nicht wissenschaftlich gesichert sind und deshalb natürlich leicht infrage gestellt werden können. Diejenigen aber, die sich damit beschäftigen (und das sind seit Urzeiten sehr viele, äußerst kluge und erfahrene Menschen) stimmen darin überein, dass es eine Seele gibt. Diese Seele ist, so nehmen es zumindest die meisten wahr, ein riesiges Energiefeld. Stelle dir das vor wie ein Kraftfeld aus Farben, Strömungen, Tönen, das du sicher aus Filmen kennst. Mache dir aber bewusst, das das nur ein Bild ist, die Seele kannst du erleben und spüren, aber sie hat keine stoffliche Erscheinung. Wenn wir sie beschreiben wollen, dann ist das nur in Metaphern und Analogien möglich. Dieses Kraftfeld ist riesig und nur ein kleiner Teil seiner Energie strömt in deinen Körper ein, sonst würden dir deine Nerven durchbrennen. Deine Seele ist wie das Kraftwerk und du als Mensch bist ein Haus, das durch das Kraftwerk versorgt wird. Es ist aber dein Kraftwerk, es versorgt nur dich selbst und du kannst dein Haus unbegrenzt ausbauen. Natürlich hat jeder sein eigenes Kraftwerk.

Du bist also ein Mensch und du bist eine Seele. Auf der Erde erlebst du dich als Mensch und du spürst einen großen Teil deiner eigenen Energie nicht bewusst. Du spürst aber vielleicht oft, dass dir etwas fehlt, als wüsstest du, dass du in Wahrheit sehr viel mehr bist als das Zellengebilde, das du im Spiegel siehst. Unser Körper hat Lichtbahnen, die man natürlich nicht sehen, aber sehr wohl spüren kann (es gibt sogar einige Menschen, die sie tatsächlich sehen können, ich gehöre aber nicht dazu).

Wenn wir nun lernen, unsere Lichtbahnen mehr und mehr zu öffnen, damit immer mehr unserer eigenen Seelenkraft hineinströmen kann, dann fühlen wir uns immer mehr mit uns selbst identisch. Du hast mehr Kraft, mehr Lebensfreude und du spürst dich, du kommst dir nicht mehr vor wie ein wandelnder Zombie, der seinen Platz nicht findet, sondern du fühlst dich in dir selbst warm, lebendig und geborgen.

Was macht die Erde mit meiner Energie?

Sie verwandelt sie in Handlungen und in äußere Umstände! Stelle dir das vor, als wäre die Erde ein Transformator. Du schickst seelische Energie hinein und bekommst Handlungen, Gelegenheiten, konkrete Ereignisse geschenkt. Das klingt sehr abstrakt, aber es hilft, sich das so vorzustellen. Es ist, als verdichte die Erde deine eigene Seelenenergie und forme sie um in Möglichkeiten, in irdisches Leben.

Lass mich das in einer Analogie erklären: Gasförmige Zustände eines Elementes verwandeln sich in flüssige oder gar in feste physikalische Zustände, wenn der Druck entsprechend erhöht oder die Temperatur gesenkt wird. Die irdische Frequenz (damit ist gemeint, dass du die Dinge auf der Erde sehen, hören, fühlen, anfassen kannst, im Gegensatz zur geistigen und seelischen Ebene, in der du Ideen, Gefühle, Gedanken, und eben auch die nicht sichtbare Lebensenergie findest) nun wirkt auf deine Seelenkraft wie großer Druck oder wie Kälte. (Deshalb fühlst du dich manchmal nicht so richtig wohl auf der Erde, das ist für deine Seele ein ungewohnter und nicht immer angenehmer Zustand!)

Sie sorgt dafür, dass sich das sehr rasch schwingende

Feld deiner Seele verdichtet, fühlbarer, zu Materie wird. Das ist eine Analogie, so genau weiß man nicht, was passiert. Aber das macht nichts, es ist hilfreich, sich vorzustellen, dass deine seelische Kraft in die Erde fließt (du verlierst sie nicht, sie strömt durch dich hindurch und gehört selbstverständlich nach wie vor zu dir!) und in der Erde wie ein Magnet bestimmte Ereignisse anzuziehen beginnt. Die Erde fügt diese magnetische Kraft hinzu, damit deine Seele bestimmte Ereignisse anziehen kann. Du kennst das: Du entscheidest dich, eine bestimmte Sportart zu lernen und auf einmal hast du ein Kursangebot über genau diese Sportart im Briefkasten. Diese Gleichzeitigkeiten können auf diese Weise entstehen. Je mehr von deiner bewussten Seelenkraft durch dich hindurch in die Erde strömt und dort mit magnetischer Kraft versorgt und angereichert wird, desto mehr Gelegenheiten bekommst du, dich selbst in der Welt zu erfahren und genau das zu tun und zu erleben, was deiner Kraft entspricht.

Genau das, ihr Lieben, nennt man übrigens »Den Himmel auf die Erde bringen«!

Deine innere Führung

Für alle, die Halt suchen, die ihren eigenen Weg nicht finden, wenig Ansprechpartner haben, oft einsam sind und rastlos wirken. Besonders bei Suchtthemen ist diese Übung wichtig.

Kannst du dir vorstellen, dass es in dir eine gute Kraft gibt, die dich führt und dir sagt, was für dich gut ist und was nicht, wenn du sie fragst? Das kannst du bestimmt, denn du hast sie sicherlich bereits gespürt, wahrscheinlich eher als »Nein«, wenn du merkst, etwas tut dir nicht gut und du willst es nicht. Möglicherweise musstest du es dann dennoch tun, um anderen zu gefallen, um es deinem Lehrer recht zu machen oder um keinen Ärger zu bekommen. Wozu also dient es, eine innere Stimme zu haben, wenn du ihr dann doch nicht folgen darfst? Das, ihr Lieben, ist wirklich ein Problem, und auch viele Erwachsene schlagen sich damit herum. Ich bin dennoch der Meinung, es ist absolut wichtig, mit dir selbst in Kontakt zu sein und vielleicht sogar auch mal Ärger zu riskieren, wenn du spürst, etwas ist wirklich nicht gut für dich oder wenn du erkennst, dass du diesen bestimmten Weg gehen musst, um dir selbst treu zu bleiben. Die Treue zu dir selbst ist dein wichtigstes Gut, und du hast die ausdrückliche Erlaubnis (ich würde es sogar als Auftrag bezeichnen), deinem Herzen zu folgen, egal, was dir andere sagen.

Was aber ist das für eine Führung und wie bekommst du Zugang zu ihr? Egal, ob du an etwas glaubst oder nicht, vielleicht kannst du dich auf Folgendes einlassen:
Es gibt eine in uns und sich durch uns ausdrückende innere Kraft, die immer dann wirkt, wenn du deiner inneren Wahrheit folgst. Das kann in kleinen und in großen Dingen geschehen. Immer dann, wenn du dich selbst in dem, was du tust, wie du dich kleidest, wozu du »Ja« und »Nein« sagst, was dich erfreut und was dich nervt, wiedererkennst, zeigt sich deine innere Kraft. Sie zeigt sich manchmal anders, als andere das gerne hätten und das ist als Jugendlicher wirklich ein schwieriges Thema. Viele Erwachsene halten es für unmöglich, sie selbst zu sein, glauben, sie müssten sich verstellen und Wunder weiß wie anpassen, um Geld zu verdienen, um nicht unangenehm aufzufallen oder weil sie einfach gar nicht mehr wissen, was sie eigentlich wirklich wollen. Du spürst, wenn sie das tun und das nervt dich sicherlich unglaublich. Sie versuchen deshalb, auch dir zu erzählen, du müsstest dich anpassen, dich Regeln unterwerfen, die sich absolut falsch anfühlen. Ihr Süßen, damit meine ich nicht, dass es ok sein sollte, auf den Schulhof zu rauchen – das wisst ihr aber sowieso. Ich meine diese echte innere Kraft, die du spürst und die ursprünglich ist, dem Leben dient und sich einfach gut und gesund anfühlt. Ich biete dir eine innere Reise an, eine Art Geschichte, die du lesen oder dir vielleicht sogar vorlesen lassen kannst. (Warum lest ihr sie euch im Freundeskreis nicht gegenseitig vor und sprecht hinterher über das, was ihr erlebt habt?) Versuche,

dieser inneren Reise zu folgen, indem du dir einfach vorstellst, was ich sage. Zum Teil stellst du es dir vor, zum Teil wirst du aber auch bemerken, dass die inneren Bilder von ganz allein kommen, ohne dass du etwas tun musst. Diese Bilder sind es, die dir etwas über dich selbst zeigen können, sie kommen aus deinem Inneren und bieten dir wertvolle Hinweise.
Bist du bereit? Es ist ein bisschen wie Tagträumen mit Anleitung, ich bin sicher, du kannst das.

Meditation: Deine innere Führung

Mache es dir bitte bequem und schließe deine Augen, wenn sich das für dich gut anfühlt. Atme ein wenig tiefer, am besten bis in den Bauch hinein. Es ist nicht so wichtig, *wie* du atmest, es geht nur darum, dich selbst ein wenig besser wahrzunehmen. Der bewusste Atem kann dir dabei helfen, abzuschalten und deine Aufmerksamkeit auf dich selbst, deine körperlichen Empfindungen, deine Gedanken und deine Gefühle zu lenken. Atme ein paar Mal ein und aus und erlaube dir, mit jedem Atemzug innerlich ein bisschen freier und weiter zu werden. Das geschieht von allein, dazu musst du nichts tun, nur bewusst weiter atmen. Spürst du, wie gut dieses Werkzeug funktioniert? Wenn du von nun an Stress hast, atme zunächst ein paar Mal tief durch, dadurch spürst du dich selbst wieder besser.

Alle Ideen darüber, wie du zu sein hast, was du denken, fühlen und empfinden sollst, um „richtig" zu sein, kannst du für eine kleine Weile ruhen lassen. Hier und jetzt gibt es nichts zu tun und du brauchst niemandem zu gefallen.
Alle Ansprüche, die von außen an dich gestellt werden, aber auch diejenigen, die du selbst an dich stellst, fallen von dir ab. Du beginnst mehr und mehr zu spüren, was du wirklich fühlst, nicht, was du fühlen solltest. Lass alles sein, wie es gerade ist, es ist alles gut und völlig in Ordnung. Vielleicht spürst du, dass du tatsächlich ein wenig ruhiger und entspannter wirst. Je öfter du das übst, desto leichter fällt es dir, in diesen innerlich friedlichen Zustand zu gelangen.
Jetzt stelle dir bitte einen Ort vor, an dem du dich ganz aufgehoben und wirklich wohlfühlst. Das kann ein Platz in der Natur sein, dein Zimmer oder ein anderer, dir sehr vertrauter Ort. Er braucht niemandem außer dir selbst zu gefallen. Die Hauptsache ist, du fühlst dich wohl und aufgehoben, du kannst ganz und gar du selbst sein und brauchst niemandem etwas zu beweisen, nicht mal dir selbst. Stelle dir vor, du bist wirklich an diesem Ort, läufst ein bisschen herum, setzt dich vielleicht hin. Du bist ganz allein und das fühlt sich sehr gut an. Niemand will etwas von dir, du brauchst es niemandem recht zu machen, du bist ganz und gar in Kontakt mit dir selbst, spürst deine Gefühle, vielleicht gar deine eigene Seele. Vielleicht möchtest du diesen Zustand für eine Weile genießen, denn sicher musst du es

normalerweise vielen Leuten recht machen. Hier und jetzt fällt all das von dir ab und du nimmst dich selbst wahr. Das ist so wichtig, denn hier liegt die Quelle deiner eigenen Wahrheit.

Auf einmal bemerkst du in einiger Entfernung eine Lichtkugel, ein Kraftfeld, ein Wesen oder vielleicht auch ein Tier. Du spürst, du kannst ihm vertrauen, auch wenn du noch nicht weißt, was da auf dich zukommt – und das fühlt sich sehr gut an. Langsam kommt es näher und du bemerkst erstaunt, dass du keinen Drang verspürst, dich irgendwie zu verstellen oder eine Maske aufzusetzen, sondern dass du ganz und gar einfach du selbst bleiben kannst. Das fühlt sich möglicherweise etwas seltsam an, bist du es doch gewöhnt, nach außen hin immer ein wenig anders zu erscheinen, als du in Wahrheit bist. Es ist, als käme dein bester Freund, deine liebste Freundin auf dich zu, jedoch ist dieses Wesen zugleich sehr weise und gütig.

Du spürst, es kennt und liebt dich genau so, wie du bist und es hat nur dein Bestes im Sinn – und zwar das, was du wirklich brauchst und nicht das, was andere für dich wollen. Es kommt näher und näher und du spürst, dass etwas in dir beginnt, sich zu entspannen. Du weißt, du hast nun eine innere gute Kraft gefunden, an die du dich anlehnen kannst, die dir zur Seite steht und die du außerdem in jeder Situation deines Lebens um Rat fragen kannst. Nun ist das Wesen schon so nahe, dass du es bereits erkennen kannst. Schau genau hin: Wie sieht es aus? Ist es ein Engel, ein Tier, ein

Idol, das du liebst, etwas ganz anderes, Neues? Es spielt gar keine Rolle, wie es aussieht und wie du es wahrnimmst – das Einzige, was zählt, ist, dass du spürst, du kannst ihm voll und ganz vertrauen, es wird dich verstehen und führen.
Nun erlaube dir, eine Frage zu stellen oder diesem Wesen von deinen Sorgen zu erzählen. Was brauchst du? Trost? Kraft? Einen Rat? Jemanden, der dir in Ruhe zuhört, ohne dich gleich wieder mit Ratschlägen zu bombardieren? Nimm dir jetzt Zeit und probiere aus, wie es sich anfühlt, diesem Wesen mitzuteilen, was dich bewegt – oder sitz einfach still bei ihm und lass dir Halt und Kraft geben.
Vielleicht spürst du diese Kraft im Bauch oder im Herzen. Eventuell zeigt sie sich als Gefühl, als Gedanke oder du empfindest sie körperlich. Alles ist richtig und gut, jeder nimmt Energie unterschiedlich wahr. Lasse sie in dich einströmen und genieße die Ruhe und Stärke, den Trost und die Liebe.
Bleib nun noch ein bisschen an diesem Ort, ruh dich aus und komm dann mit deiner Aufmerksamkeit langsam und in der für dich angemessenen Zeit zurück in den Raum, in dem du dich befindest. Du hast nun eine Kraft gefunden, die dir zur Seite steht und die immer für dich da ist.

Übung:

Kannst du gut malen oder zeichnen? Dann zeichne

dir selbst ein Bild von der Kraft, dem Wesen, das dein Vorbild ist, deine Kraftquelle, dein Idol.
Wenn du nicht gut zeichnen kannst (ich kann es zum Beispiel gar nicht), dann klebe dir eine Collage, finde eine Figur, ein Tier möglicherweise, vielleicht einen Engel, eine Elfe, einen Superhelden, ein starkes, ganz persönliches Vorbild, dem du vertraust. Der Dalai-Lama, ein Sänger oder ein Schauspieler, der etwas verkörpert, das dir gesund, erstrebenswert und wirklich hilfreich erscheint – und ja, natürlich kann es auch dein Teddy sein! Du musst es ja niemandem sagen, wenn du nicht magst.
Das Besondere an diesem Vorbild ist, dass es nur für dich gilt, es ist *dein* Ansprechpartner – immer dann, wenn du Rat und Kraft brauchst. Es soll dir Kraft geben, deinen eigenen Weg zu gehen und es sollte ein Wesen sein, dem du wirklich vertraust. Welches innere Wesen dir Kraft gibt, geht niemanden etwas an – es sei denn, du möchtest es gern erzählen. Aber tu das nur dann, wenn du sicher sein kannst, dass du nicht ausgelacht wirst, ok?
Diese inneren Angelegenheiten brauchen viel Schutz, weil sie sehr empfindliche Stellen in dir berühren, und sollten wirklich nicht nach außen getragen werden, wenn du nicht sicher sein kannst, dass sie in guten Händen sind.

Die Stimme deiner Seele

Weißt du eigentlich, auf welche Weise du die Sprache deiner Seele wahrnimmst? Vielleicht redet sie schon die ganze Zeit mit dir, und du erkennst sie nicht, weil du gar nicht weißt, wie ihre Stimme klingt. Deshalb biete ich dir hier eine Meditation an, mit der du ganz bewusst unterscheiden lernst, was deine Gedanken und was Botschaften aus weiseren, höheren Anteilen deiner selbst sind. Mit »höhere Anteile deiner selbst« meine ich die Kräfte, die ein wenig mehr Überblick haben, die angebunden sind an größere Weisheiten und die vor allem wissen, wozu du auf der Erde bist, was dir hilft und was dir nicht guttut. Es ist wirklich nützlich, sich damit zu beschäftigen, denn das macht dich unabhängig von allen, die dir sagen wollen, was gut für dich ist. Du weißt es selbst am besten, denn deine Seele kennt dich und bringt ihre Kraft durch dich auf die Erde. Es gibt Regeln, die du beachten musst, so wie wir alle. Aber es gibt auch eine innere Stimme, die dir unbestechlich und klar zeigt, was *wirklich* gut ist für dich. Wenn du auf diese innere Stimme hörst, dann wirst du kein Problem damit haben, sinnvolle Regeln zu beachten, selbst wenn sie dir im Moment eher hinderlich erscheinen und du keine Lust hast, denn deine Seele weiß, dass du, um zu reifen und das Leben, besonders aber dich selbst, kennenzulernen, bestimmte Dinge lernen und erleben musst. Vor allem aber wirst du wissen, wann es Zeit ist, deinen eigenen Weg zu gehen und zu tun, was du selbst für richtig hältst. Es hilft dir, die Verantwortung für dich und deinen Weg zu übernehmen und zu tragen. Diese liebevolle, klare innere Stimme möchte ich dir hier vorstellen.

Meditation: Die Stimme deiner Seele

Bitte mache es dir bequem, schließe die Augen und atme ruhig und gleichmäßig. Es kann sein, dass es dir schwerfällt, dich zu entspannen. Dann erlaube dir, zu sein, wie du bist, auch wenn du noch ein wenig angespannt bist. Lass dich einfach mal selbst in Ruhe und lausche nach innen. Es gibt nichts mehr zu tun, lass für diesen Moment alles hinter dir. Du brauchst niemandem zu gefallen, es niemandem recht zu machen – es geht in dieser Meditation nur um dich und um dein Wohlbefinden.

So erlaube dir, loszulassen, ruhig zu werden, und lass überall da, wo du noch angespannt sein magst, bewusst los, so, wie dir das im Moment möglich ist. Nun richte deine Aufmerksamkeit bitte auf dein Herz. Wenn dir das unangenehm ist, dann stell dir bitte dein Herz wie einen wunderschönen inneren Ort vor, an dem es hell, licht und weit ist. Lass dich hineinfallen in diese Weite und Freiheit, die du hier findest, immer mehr. Mehr und mehr öffnet sich dir dieser Raum, indem du es dir im-

mer deutlicher vorstellst. Du fühlst vielleicht innere Ruhe, Frieden, vielleicht auch ein Kribbeln oder eine Wärme. Lass dich noch tiefer in dieses Gefühl hineinsinken und spüre, wie du mehr und mehr zur Ruhe kommst. Licht fließt in dich ein, weißes oder goldenes Licht, ganz so, wie es aus diesem Raum in deinem Herzen ganz von allein herausströmt.
Noch ein wenig weiter öffnet sich dieser Raum, und nun verschwindet er, öffnet sich zu einem Energiefeld, das keinen Anfang und kein Ende zu haben scheint. Du nimmst vielleicht Farben wahr, Töne, Gefühle, Gedanken. Lass alles zu, du brauchst es nicht zu verstehen. Tauche ein in dieses Gefühl von Freiheit und Geborgenheit, das du hier findest. Es ist, als würdest du schweben oder fließen. Du löst dich scheinbar auf eine sehr angenehme und friedliche Weise auf und verschmilzt mit diesem Energiefeld – und das fühlt sich an, als würdest du nach Hause kommen. Genieße diesen Zustand und erlaube, dass diese Weite und Freiheit mehr und mehr in dich einströmen und dir ein gutes Gefühl geben.
Atme die Kräfte in dich hinein – und jetzt bitte darum, einfach indem du innerlich „Ich bitte" sagst, dass sich diese Energie als innere Stimme in dir bemerkbar macht. Bitte darum, dass sie dir zeigt, wie sie mit dir spricht. Bitte sie, dir zu zeigen, woran du erkennen kannst, dass es deine Seele ist, die gerade mit dir redet. Denn das, was du hier spürst, ist die Kraft deiner eigenen Seele.
Bleibe innerlich frei von Vorstellungen und erlaube

dieser Energie, von sich aus zu wirken, denn das kannst du. Du bleibst innerlich frei und offen und erlaubst dieser Energie, dir zu zeigen, woran du sie auch im Alltag, wenn du in der Schule oder bei Freunden bist, erkennst. Vielleicht bekommst du nun ein eindeutiges Gefühl, einen klaren Gedanken, du hörst vielleicht eine innere Stimme, erinnerst dich an einen Liedtext, der genau ausdrückt, was du im Moment wissen solltest. Wenn du eine Frage hast, nicht weiter weißt oder wenn dich etwas bedrückt, dann kannst du jetzt und hier fragen, während du in der Stille deiner Seele verweilst. Stelle einfach die Frage und dann öffne dich für die Antwort – du brauchst sie noch nicht zu kennen oder verzweifelt darüber nachzudenken. Erlaube, dass dir deine Seele die Antwort gibt, so, wie es für dich und nur für dich richtig ist. Die Stimme deiner Seele ist immer klar und hört sich gut an. Sie wird dir niemals schaden, sondern immer nützlich und dienlich sein. Wenn du Ideen hast, von denen du ganz tief in dir weißt dass sie dir in Wahrheit nicht guttun, dann ist das nicht die Stimme deiner Seele. Dann bitte ausdrücklich darum, innerlich geführt zu werden und sei bereit, dich führen zu lassen.
Je bereitwilliger du bist, auf die Stimme deiner Seele zu hören, desto deutlicher und klarer wirst du sie auch hören, desto leichter ist es, immer und überall mit ihr in Kontakt zu sein.
Atme nun bewusst in dein Herz und nimm all die Kraft mit deinem Atem in dich auf. Erinnere dich bitte daran, wie sich die Stimme angefühlt und an-

gehört hat und versprich dir selbst, von nun an mehr und mehr auf sie zu achten und ihr zu vertrauen.
Dann komm wieder zurück in den Raum, in dem du liegst, nimm aber all die Energien und das Wissen mit in die Realität hinein.

Übung:

Nimm dir bitte etwas zu schreiben, es kann auch der Computer sein, so, wie es sich für dich gut anfühlt. Es ist egal, ob du gut schreiben kannst oder nicht, das hier schreibst du nur für dich.
Versetze dich, so gut du kannst, in diesen weiten, geöffneten Zustand, den du in der Meditation erlebt hast, und dann beginne zu schreiben, so, als würde dir deine Seele die Feder oder die Tastatur führen. Probiere es aus, vielleicht kommt am Anfang nur Unsinn dabei heraus, aber wenn du einfach weiterschreibst, werden deine Gedanken klarer. Du bietest deiner Seele an, schriftlich mit dir zu kommunizieren. Und weil deine Seele ein sehr großes Interesse daran hat, sich mit dir zu verbinden, wird sie diese Möglichkeit nutzen, es erfordert nur ein wenig Übung. Wenn du dir diese Fähigkeit aneignest, dann kannst du, wo und wann immer du willst, mit dir selbst, mit deiner Seele, kommunizieren, einfach, indem du dich hinsetzt, einen Stift nimmst und schreibst, was sie dir zu sagen hat. Probiere es aus, vielleicht hilft es dir, und

wenn nicht, dann gibt es in diesem Buch noch viele andere Übungen. Eine davon wird sicher die richtige für dich sein.

Deinen Platz im Leben finden

Für alle, die unentschlossen sind, haltlos wirken, nicht wissen, was sie wollen oder depressiv sind, weil sie nicht spüren oder vermittelt bekommen, wie wichtig und wundervoll es ist, dass sie da sind.

Kennst du diese Tage, an denen du dich selbst nicht spürst? Das Schwierige an der Zeit der Pubertät ist, dass du dich wahrscheinlich oft selbst nicht verstehst und ganz anders reagierst und handelst, als du es in Wahrheit willst. Es ist, als stündest du neben dir und schautest dir zu, als wärst du irgendwie ferngesteuert. Und auf eine gewisse Weise bist du das auch. Du reagierst vielleicht viel schneller verletzt, fühlst dich unverstanden, wirst wütend, traurig oder auch überheblich, glaubst, du wärst ganz allein auf dieser Welt und niemand würde dich verstehen. Du handelst impulsiv, oft sogar gegen dein eigenes besseres Wissen. Andere, besonders deine Eltern, fragen dich alle fünf Minuten, was du dir eigentlich *dabei* wieder gedacht hast und du musst erkennen, dass du es selbst nicht weißt. Was passiert mit dir, warum fühlst du dich so abgeschnitten von Gott, der Welt, aber besonders von dir selbst? Warum willst du eigentlich nur deine Ruhe haben und fühlst dich ausschließlich mit Leuten deines Alters wohl? Warum hast du das Gefühl, du passt nicht

in diese Welt, obwohl du doch offensichtlich Teil von ihr bist? Nun, vielleicht stimmt es, vielleicht passt du wirklich nicht in diese Welt, zumindest nicht so, wie sie gerade ist. Vielleicht bist du gekommen, um sie ein kleines bisschen zu verändern, um deine Schwingung, deine Farbe hinzuzufügen? Um das zu tun, was nur durch dich auf dieser Erde getan werden kann, weil du die Begabung, die innere Ausrichtung, das richtige Wissen oder einfach die entsprechenden Fähigkeiten hast? Das heißt nicht, dass die Menschen mit Applaus reagieren, leider. Es wäre wundervoll, wenn jede Seele ermutigt werden würde, das beizutragen, weswegen sie zur Erde gekommen ist. Aber das geschieht nur selten. Ich möchte dich hier dennoch dazu motivieren, für dich selbst einzustehen und deine Fähigkeiten so weit zu entfalten, wie es dir möglich ist – dazu gehört besonders, dass du dich selbst und deine Bestimmung ernst nimmst. Alle erfolgreichen Menschen – was auch immer »erfolgreich« im einzelnen Fall bedeutet – wissen um ihre Bestimmung und geben niemals auf. Sie fallen genauso oft hin wie alle anderen, aber sie stehen immer wieder auf. Also lass dich nicht entmutigen, fülle deinen Platz aus und übernimm die Verantwortung für das, wozu du hier bist, egal, ob es anderen gefällt oder nicht. (Du glaubst zum Beispiel nicht im Ernst, dass *meine* Eltern mich dazu ermutigt haben, meinen Beruf aufzugeben und spirituelle Selbsthilfebücher über Engel und Meditationen zu schreiben, oder? Wir müssen nun mal tun, wozu wir hier sind, egal, was die Welt von uns will.)
Es ist gut und richtig, dass du alles infrage stellst, damit du für dich selbst wählen und entscheiden kannst.

Es ist deine Aufgabe, zu erkennen, was für dich stimmig ist und wo dein einzigartiger Platz in dieser Welt ist – dazu gehört auch, zu erkennen, dass du dir deinen Platz vielleicht erst noch erschaffen musst. Wenn du dir selbst treu sein willst, musst du sagen, was du willst und was dich stört, und lernen, für dich selbst einzutreten, auch wenn du Unverständnis erntest. Dabei hilft es sehr, ein Gefühl für deinen Platz im Leben zu entwickeln, ja, vielleicht weißt du nicht einmal, dass du einen solchen Platz hast. Ich möchte dir in der folgenden Meditation die Möglichkeit anbieten, diesen Platz zu finden, einzunehmen und zu spüren, was es für dich bedeutet, auf deinem Platz zu stehen. Ich danke dir sehr, dass du bereit bist, dich von mir dahin führen zu lassen!

Meditation: Dein persönlicher Kraftort

Suche dir einen ruhigen angenehmen Platz, an dem du nicht gestört wirst und lege dir schöne Musik auf.
Dann lege dich hin, kuschele dich in eine weiche Decke und mache es dir bequem.
Jetzt schließe deine Augen, atme tief durch, so, wie sich das für dich heute gut anfühlt. Du hörst nur noch die Musik und die Stimme, falls dir diese Meditation vorgelesen wird, kein Geräusch stört dich. Tauche ein in die Musik und lass uns zusammen auf unsere innere Reise gehen:

In Gedanken sitzt du an einem kleinen blauen See, das Wasser glitzert wie Tausende von Diamanten, und in der Mitte des Sees liegt eine kleine Insel. Ganz in deiner Nähe ist ein kleines Holzboot angebunden. Es schaukelt leise in den Wellen, die ans Ufer plätschern.

Genau vor dir befindet sich ein Lichtstrahl. Er sieht aus wie eine Lichtsäule, die direkt vom Himmel herunterkommt.

Dieser Lichtkegel bildet einen Kreis genau inmitten dieser kleinen Insel, welche von samtig grünem Gras und deinen Lieblingsblumen bedeckt ist.

In dir entsteht der Wunsch, zu dieser Insel hinüberzugelangen. Du spürst Vorfreude, dieses Licht fühlt sich schon aus der Entfernung so vertraut, so heimelig an, dass du einfach darauf zugehen möchtest.

Du löst den Strick vom Boot, nimmst die zwei Paddel und ruderst mit kräftigen Zügen auf die Insel zu. Selbst wenn du gar nicht rudern kannst, auf einmal fühlt es sich ganz natürlich und vertraut an. Am Inselufer angekommen, ziehst du das Boot an Land und bleibst für einen Moment stehen. Du traust dich kaum, in das Licht zu schauen, so überwältigend ist dieser Anblick. Und dann geschieht alles wie von selbst. Es zieht dich richtig in diesen Lichtstrahl hinein, nichts kann dich mehr aufhalten.

Und auf einmal bist du mittendrin. Augenblicklich spürst du eine solche Energie und Freude und es fühlt sich alles so gut, so leicht an. Es durchströmt

deinen ganzen Körper und du weißt, es ist das Licht deiner eigenen Seele.
Dein Herz wird weit und warm, und du erkennst, dass du gerade deinen Platz auf Erden gefunden hast. Deine Gedanken sind klar und rein, so wie die Kristalle, die im Wasser des Sees zu glitzern scheinen.
In diesem Licht bist du vollkommen geborgen und aufgehoben, es fühlt sich alles vertraut und liebevoll an. Dieses Licht erfüllt deinen ganzen Körper und du spürst seine Wärme und seinen Schutz um dich herum. Nichts kann mehr passieren, alles ist gut. Du spürst diese unendliche Liebe in dir, Ruhe und Frieden durchströmen dich in diesem Licht.
Du weißt, dass dieser Ort dein Zuhause ist und du wirst ihn und dieses Licht jetzt immer in deinem Herzen mittragen, wo auch immer du dich aufhältst.
Du erkennst, dass du im Laufe deines Lebens, mithilfe dieses Kraftplatzes alle an dich gestellten Anforderungen und Aufgaben mit Leichtigkeit erfüllen kannst. Denn wenn immer du nicht weiterweißt, kommst du an diesen Platz zurück und holst dir Kraft und Stärke. Du weißt, dass du ab jetzt nie mehr allein bist und du immer Hilfe von diesem liebevollen und starken Lichtstrahl erhältst.
Dieser wird dich führen und leiten, er wird dir deinen Weg durchs Leben zeigen.
So bist du verbunden mit deiner eigenen seelischen Kraft und nichts kann passieren, du bist immer sicher, geschützt und begleitet.

Du fühlst dich nun voller Freude, stark und groß. Viele spannende Abenteuer erwarten dich, das weißt du genau. Und mit dieser tiefen Erkenntnis steigst du wieder in das Boot und ruderst voll Energie zurück an Land. Im Herzen trägst du deinen Lichtstrahl, und du spürst einen warmen wohligen Schutzmantel aus Licht um dich. Du kommst ganz langsam wieder in deinen Körper zurück, während der Lichtstrahl noch immer fest in dir verankert ist. Du hast nun eine sehr wichtige und wertvolle Kraft für dich gefunden, die du immer wieder anwenden kannst.

Teile dies, wenn du magst, mit deinen Freunden, nimm sie einfach mit in das Land der Lebensfreude und des Lachens.
Ich danke dir von ganzem Herzen, denn du selbst bist es, der so viel Friede und Liebe in diese Welt bringt.

Übung:

Wenn du diese Übung noch verstärken willst, dann errichte dir in deinem Zimmer einen Kraftplatz. Leg ein schönes Tuch auf den Boden, dekoriere den äußeren Rand mit einigen Kristallen, schönen Steinen, Kerzen (Vorsicht beim Anzünden!), Kräutern und Blumen oder mit allem, was für dich kraftvoll und wichtig ist. Wann immer du dich nun unsicher oder schwach fühlst, stelle dich ganz bewusst auf diesen Ort der Kraft in deinem Zimmer und tanke neue Energie.

Kraft deines Krafttieres

Rückzug und Schutz

Für alle, die überfordert sind, hohen Ansprüchen genügen müssen oder in schwieriger Umgebung aufwachsen. Für alle, die nicht wissen, wie sie sich abgrenzen und zu sich selbst finden sollen.

Wenn dir alles zu viel wird, wenn dich die ganze Welt nervt und alle möglichen Ansprüche an dich gestellt werden, wenn du das Gefühl hast, du brauchst dringend einen Raum, in dem du nicht gestört wirst, dann probiere bitte folgende Übung aus. Du hast das Recht, ja, sogar die Aufgabe, für dich selbst zu sorgen und dir selbst das zu geben, was dich wirklich nährt und was dir guttut – egal, was die anderen sagen. Je früher du lernst, dich auch mit dir selbst wohlzufühlen, desto freier und entspannter kannst du mit allem umgehen, denn du weißt nun, wo du Kraft schöpfen und dich ausruhen kannst. Das macht dich frei, auch schwierige Situationen zu meistern und es macht dich stark, deinen eigenen Weg zu gehen. Es ist immer wieder wichtig, dich zurückzuziehen und Kraft zu schöpfen, deinen eigenen inneren Prozessen und Entwicklungen Raum und Schutz zu geben. Egal, wie alt du bist und in welcher Lebenssituation du dich befindest, in dieser Schutzhülle kannst du jederzeit aufatmen und den Dingen ihren Lauf lassen. Manches regelt sich von allein, wenn wir es nur erlauben. Gleichzeitig bekommst du in der Schutzhülle, die ich dir gleich anbiete, die Kraft, zu handeln, so, wie es nötig und richtig ist.

Meditation: Das goldene Ei

Mache es dir ganz bequem, schließe deine Augen und erlaube dir, dich auszuruhen. Du brauchst nichts mehr zu tun, du darfst dich ganz und gar entspannen, so gut, wie du das eben heute kannst. Nun stelle dir bitte vor, du liegst in einer Art goldener Ei-Hülle. Diese Hülle kann sehr fest und stabil sein, vielleicht ist sie auch weich und dehnbar oder eher wie ein Lichtschein – sie ist genau so, wie es sich für dich gut anfühlt und wie du es heute brauchst. Du hast genug Platz in dieser Ei-Hülle, um es dir ganz gemütlich zu machen und dich auszuruhen. Das Besondere in diesem Ei ist, dass dich niemand stört, keiner nervt, dass du vollkommen unangreifbar bist. Wenn du dich einsam fühlst, dann lade deine Freunde ein, dich in der Ei-Hülle zu besuchen. Aber es kann sein, dass es sich sogar gut anfühlt, einmal nur für dich zu sein. In der Hülle scheint ein wundervoll goldenes Licht, das dich durchströmt und dir Kraft gibt. Es fließt überall dahin, wo es gebraucht wird und hilft deinem Körper, Kraft zu schöpfen und neue Energie zu tanken. Du spürst, wie du dich mehr und mehr entspannst, und du atmest auf, denn hier bist du wirklich sicher und geschützt. Du brauchst im Moment vielleicht viel Zeit, um dich zurückzuziehen, denn du spürst, dass sich vieles in dir verändert. Hier kannst du dich ausruhen, und die Veränderungen dürfen einfach geschehen, ohne dass du sie erklären musst – ja, du brauchst sie nicht einmal selbst zu verstehen. Wie ein Schmetterling sicher und geborgen in seinen Kokon eingehüllt ist, während ihm Flügel wachsen, so kannst auch du dich immer dann in diese goldene Hülle zurückziehen, wenn dich die Welt da draußen nervt oder wenn du zu viele Ansprüche erfüllen musst. Dieser Ort ist dein persönlicher Rückzugsort, hier wirst du genährt und bekommst genau die Energie, die du brauchst, um zu wachsen und dich zu entfalten. Wenn du an Engel glaubst, dann stelle dir vor, dass dein Schutzengel dieses Ei liebevoll in seinen Händen hält und mit seiner Liebe erfüllt. Es gibt einen Lichtstrahl, der direkt vom Himmel oder aus der Erde kommt, und der in diese Ei-Hülle hineinfließt und dich fortwährend mit Energie versorgt, damit du alles entfalten kannst, was durch dich auf die Erde kommen will. Du hast in dieser Hülle die Möglichkeit, dich völlig zu entspannen, einfach mal lockerzulassen und dich von allen Außenreizen abzuschirmen. Nutze sie immer dann, wenn dir alles zuviel wird oder du das Gefühl hast, dich selbst gar nicht mehr so richtig wahrzunehmen – immer dann also, wenn du eine Tür brauchst, die du hinter dir zumachen kannst. Die Ei-Hülle verändert sich, sie ist immer genau so dick, wie du sie brauchst, mal ist sie nur

ein dünner Schleier, wenn du ein bisschen Schutz brauchst, mal ist sie undurchdringbar, wenn dir alles über den Kopf wächst.
Bleib nun noch ein bisschen liegen, ruh dich aus und wenn du so weit bist, dann komm zurück in den Raum, in dem du dich befindest. Du weißt, diese Hülle ist immer bei dir und du kannst sie jederzeit nutzen, egal ob du allein oder mit anderen zusammen bist.

Übung:

Hast du einen echten Rückzugsort? Wenn nicht, dann schau, ob du dir einen einrichten kannst. Kinder bauen sich gerne Höhlen – warum sollte das für Erwachsene und Jugendliche nicht auch von Nutzen sein? Leg dir eine Matratze auf den Boden, schütze den Raum drum herum mit einem Moskitonetz, wenn dir das gefällt, oder finde eine andere Möglichkeit, dir ein paar Quadratmeter Geborgenheit zu erschaffen, so gemütlich und kuschelig, wie du es brauchst. Es geht niemanden etwas an, wie dieser Ort aussieht. Nutze deine Lieblingsfarben und lege alles an diesen Ort, was dir Geborgenheit und Wärme gibt. Natürlich wäre es wunderbar, wenn du hier wirklich nicht gestört werden würdest, aber ich kenne deine Verhältnisse nicht und es gibt Eltern, die es nicht ertragen, wenn man einfach mal nur für sich sein will … Daran kann ich natürlich nichts ändern. Bitte richte dir diesen Ort dennoch ein, denn allein schon zu wissen, dass es ihn gibt, kann sehr hilfreich sein. Ziehe einen goldenen Kreis um diesen Ort, wie einen magischen Schutzkreis, damit er sicher und geschützt bleibt. Dazu setzt du dich in die Mitte und stellst dir vor, wie du einen goldenen Lichtstrahl um diesen Ort herumführst – vielleicht auch, wenn dir das lieber ist, eine Art Heiliges Feuer oder einen Wassergraben. Das, was dir Schutz verspricht, ist für dich richtig.

An diesem Rückzugsort sollte und darf Heilung geschehen, es ist ein heiliger Ort, der dir Geborgenheit geben soll.

Der Fels in der Brandung

Für alle, die sehr emotional sind, weil sie von ihren Achterbahn fahrenden Gefühlen überwältigt werden. Natürlich auch anwendbar bei jedem Kummer, Schmerz, bei Enttäuschung – immer dann, wenn dringend innerer Halt gebraucht wird.

Sicher spielen deine Gefühle oft wirklich verrückt, du fühlst dich wie auf einer emotionalen Achterbahn, wechselst von einer Minute zur anderen deine Stimmung und kannst es selbst nicht ändern. Oder du bist ab und zu einfach sehr unglücklich, vielleicht, weil du eine Liebe oder eine Freundschaft verloren hast, schlechte Noten schreibst, eifersüchtig bist oder dich in deiner Familie nicht verstanden fühlst. Diese Gefühle sind vollkommen richtig und angemessen. Ich möchte dir eine Meditation anbieten, die dir vielleicht ein wenig Halt geben kann. Sie wird deine Gefühle nicht ändern, aber dir helfen, dich nicht selbst in all diesem inneren Chaos zu verlieren. Besonders wenn du tief unglücklich oder wütend bist, hilft sie dir, dich zu stabilisieren und innerlich (zumindest ein wenig) zur Ruhe zu kommen, erstmal durchzuatmen und dann aus einer ruhigeren Sicht der Dinge heraus zu handeln. Natürlich ist es fast unmöglich, wenn du am Boden zerstört oder kurz vor dem Ausrasten bist, eben mal schnell eine Meditation

zu machen. Vielleicht aber willst du dieses innere Bild ein wenig üben in einer Zeit, in der es dir gut geht, es vielleicht sogar mit einem Freund oder einer Freundin teilen. Dann können sie oder er dich daran erinnern, wenn du es selbst nicht mehr kannst. Den gleichen Dienst erweist du natürlich auch deinen Freunden, wenn sie sich schlecht fühlen.
In Meditationen nutzt man gerne Wasser als Sinnbild für Gefühle, weil es – ebenso wie Gefühle – sehr sanft, aber auch sehr aufgewühlt, heilend und befruchtend, aber auch zerstörerisch und überwältigend sein kann. Probiere es einmal aus, vielleicht leistet dir dieses innere Bild gute Dienste, das würde mich sehr freuen.

Meditation:

Mache es dir wie immer ganz bequem, vielleicht an deinem Rückzugsort oder eben da, wo du dich wohlfühlst. Lege dir, wenn es dir gefällt, sanfte Musik auf und lass dir diese Worte vorlesen, wenn du dich bei jemandem sicher genug fühlst.

Du atmest ein paar Mal tief durch, und mit jeder Ausatmung stellst du dir vor, dass alles, was dich belastet und schwer macht, aus dir herausströmt. Mit jeder Einatmung nimmst du frische, neue Energie auf, atmest das Leben tief in dich hinein. Du spürst, wie du dich langsam mehr und mehr entspannst, dein Körper wird schwerer oder immer leichter – je nachdem, wie es sich für dich gut anfühlt. Die

Spannung verschwindet und du fühlst dich angenehm und wohlig warm.
Nun stelle dir deine Gefühle bitte als Wasser vor, ein aufgewühltes Meer zum Beispiel, einen tiefen See, eine verschlammte Pfütze, einen klaren Wasserfall ... Schau, welches Bild dir in den Sinn kommt, wenn du an deine Gefühle denkst und lass es genau so, wie du es wahrnimmst, einfach mal in dir stehen. Wenn du diese Meditation mit einem Freund teilst, dann sprich jetzt aus, wie du deine Gefühle in Form von Wasser wahrnimmst. Bleibe ein bisschen in diesem Bild. Vielleicht tut es dir gut, deine Gefühle zu erleben, sie sein zu lassen, wie sie eben sind. Wenn du magst, dann stelle dir vor, du selbst wärest in diesem Wasser und ließest dich treiben – trägt es dich oder drohst du unterzugehen? Lass es dich nur für einen Moment spüren, damit du die Scheu vor deinem eigenen Gefühl verlierst und dich selbst besser kennenlernst. Wenn es dir angenehm ist, dann stelle dir eine Luftmatratze vor, leg dich darauf und lass dich einfach ein bisschen auf dem See deiner Gefühle treiben.
Vielleicht aber ist das Meer oder der See auch sehr aufgepeitscht, vielleicht gehst du auf der Stelle unter, wenn du dich zu weit in das Wasser hineinwagst.
Dann stelle dir bitte vor, es gäbe in diesem See, im Meer oder was auch immer du siehst, einen wunderschönen, stabilen und vertrauenerweckenden Felsen. Das Wasser schäumt um ihn herum, aber der Fels selbst steht fest und sicher da, unverrück-

bar und voller Kraft. Du stehst auf dem Felsen, der Wind weht dir durch das Haar, du siehst all das aufgewühlte Wasser, aber du stehst sicher und fest. Du spürst die Kraft dieses Felsens durch deine Füße in deinen Körper fließen und das fühlt sich sehr gut an. Und auf einmal erkennst du, dass *du* dieser Fels *bist*. Ganz fest stehst du da, das Wasser tobt und tost, aber du selbst bist völlig sicher und klar. Nichts kann dich erschüttern, mag das Wasser auch toben oder schäumen. Du selbst bleibst ruhig und kraftvoll, gelassen und innerlich frei. Schau, ob es dir leichter fällt, diesen Felsen anzuschauen oder ob du die Vorstellung lieber hast, du selbst wärest dieser Felsen. Vielleicht möchtest du auch auf dem Felsen herumklettern, seine Festigkeit spüren, während das Wasser an ihn heranrauscht. So, wie du es gerne hättest, so ist es richtig für dich – wichtig ist nur, dass du dich trotz all des Wassers sicher und gehalten, geborgen und stabil fühlst. Wann immer du nun von deinen Gefühlen überwältigt wirst, stelle dir augenblicklich den Felsen oder die Luftmatratze vor und lass dich tragen, sanft in den Wellen schaukeln oder vom starken Fels in der Brandung halten.
Bleib noch ein bisschen liegen und erzähle – falls du begleitet wirst und wenn du das willst – deiner Freundin oder deinem Freund, noch während du die Augen geschlossen hast, wie du dich nun fühlst.

Komm dann ganz in deiner eigenen Zeit mit deiner Aufmerksamkeit wieder in den Raum zurück, in dem du dich befindest und schreibe vielleicht in dein Tagebuch, wie du dich nun fühlst – oder tu einfach das, worauf du jetzt Lust hast.

Übung:

Am schönsten wäre es, wenn du ein Gewässer in deiner Umgebung kennen und ab und zu aufsuchen würdest, um dort das Fließen und das sich dauernde Verändern, aber dennoch Beständigsein erfährst. Vielleicht möchtest du dir einen Zimmerbrunnen wünschen oder selbst kaufen? Das ruhige Strömen des Wassers wird dir zeigen, dass das Leben ein Fluss ist, dass in diesem Fließen Ruhe und Kraft liegen. Wenn dir das alles nicht gefällt, dann nimm eine Schale, fülle sie mit Wasser und leg in die Mitte einen genügend großen Stein hinein, jenen Stein, der dir Halt gibt und dich selbst symbolisiert. Wann immer du nun aufgewühlt bist, stelle dich in Gedanken auf diesen Stein und lasse das Wasser um dich herum toben, du selbst stehst fest und sicher in deiner eigenen Mitte.

Distanz und Nähe

Für alle, die sich nicht abgrenzen können oder sich zu sehr in ihre innere Höhle zurückziehen.
Für alle, die sich selbst behaupten müssen und lernen wollen, die eigenen Interessen und Meinungen zu vertreten, auch im Umgang mit „Respektspersonen" zu sich zu stehen und dennoch offen zu bleiben.

Kannst du gut »Nein« sagen, wenn du etwas nicht willst? Kannst du dich selbst spüren, wenn du im Kontakt mit anderen bist oder weißt du oft nicht so genau, wo du aufhörst und dein Gegenüber anfängt? Es ist wichtig, besonders, wenn du Angst vor jemandem hast oder dich zu sehr beeinflussen lässt, eine Möglichkeit zu finden, deinen eigenen Platz zu behalten.
Deshalb biete ich dir hier eine geistige Übung an, die weniger eine Meditation als vielmehr ein Werkzeug ist, das du immer nutzen kannst, wenn du mit jemandem in Kontakt bist, seien es ein Lehrer, deine Eltern oder Freunde. Es wäre wirklich wunderbar, wenn du das mit einer Freundin oder einem Freund praktisch üben könntest, damit du den Unterschied spürst. Wenn du dich wirklich abgrenzen und deine Ruhe haben willst, dann ist es sinnvoller, dir vorzustellen, du stündest in einer Lichtsäule, diese Übung zeige ich dir später noch. Wenn

du aber den Kontakt herstellen möchtest, also eine gesunde Art und Weise suchst, in Kommunikation zu sein und dich dennoch nicht im anderen zu verlieren, dann leistet dir die goldene Acht sicher gute Dienste.
Aber auch wenn du diese Übung nur für dich selbst anwendest, wirst du erleben, dass du mithilfe dieses inneren Bildes besser abgrenzen und in deiner Mitte bleiben kannst.

Meditation: Die goldene Acht

Immer, wenn du das Gefühl hast, du lässt dich zu sehr in das Energiefeld eines anderen ziehen (sei es, dass es automatisch geschieht, sei es, dass der andere dich anzapfen will oder gar, dass du selbst in die Haut und das Kraftfeld des anderen hineinschlüpfen möchtest), dann stelle dir vor, ihr seid durch eine goldene Acht miteinander verbunden. Der Kreuzungspunkt ist in der Mitte zwischen euch und jeder hat einen genügend großen Raum innerhalb dieser Acht. Wenn sich deine Energien vermischen und du in deinem Gefühl verschwimmst, unklar wirst, dann liegt das daran, dass du einen energetischen Kreis um dich und den anderen gelegt oder zumindest zugelassen hast. Legst du dagegen bewusst die Acht, hat jeder seinen abgegrenzten Bereich und ihr seid dennoch miteinander verbunden, der andere hat keinen Zugriff mehr zu deiner Energie, du selbst bist geschützt und stabil.

Meditation

Schließe nun also bitte die Augen und stelle dir einen schwierigen Gesprächspartner vor – oder, wenn dir das zunächst leichter erscheint, deine beste Freundin oder deinen Freund. Ihr steht euch gegenüber. Und nun nimm in Gedanken einen goldenen Stift in die Hand und male eine Acht um euch beide herum, so, dass jeder seinen eigenen Platz hat und zwischen euch der Kreuzungspunkt liegt. Spüre nun bitte ganz genau, wie sich das anfühlt.

Wenn du magst, dann nimm die Acht wieder weg und male einen geschlossenen Kreis um euch beide – wie ist das? Es kann sein, dass dir dieses verbundene und ein bisschen verschwommene Gefühl viel vertrauter vorkommt als jenes, das die goldene Acht in dir hervorruft. Überprüfe bitte, ob du dich noch gut spürst, ob du noch „Nein" sagen könntest, wenn du das wolltest und ob du deine eigene Meinung noch kennst. Dann nimm den Kreis wieder weg und male noch einmal die Acht – wie fühlt es sich nun an? Spürst du dich? Weißt du noch, was du willst, was du denkst und was du fühlst? Kannst du dich klar ausdrücken? Übe diese Technik bitte geistig mit verschiedenen Personen, auch mit den Eltern oder Lehrern. Du bist ja dennoch in Kontakt, du kannst so viel Energie geben und nehmen, wie ihr beide wollt. Aber du kannst entscheiden, wenn du in der Acht stehst. Du bist freier und spürst selbst, ob du dem anderen Energie in Form von Aufmerksamkeit, Zuwendung, Trost und Freundschaft schenken willst oder lieber nicht. Stehst du dagegen mit dem anderen in einem Kreis, so kannst du beinahe nicht mehr klar denken – und schon gar nicht kannst du verhindern, dass der andere dir Kraft und Energie absaugt, wenn er es darauf anlegt. Du verstehst, diese Technik dient dazu, Kontakt aufzunehmen und dennoch bei dir zu bleiben. Wenn du dich ernsthaft abgrenzen willst und musst, dann nutze bitte die nächste Übung.

Die Erfahrung zeigt, dass die Energie der goldenen Acht stärker ist als jeder Versuch, dich in einen Kreis zu binden, weil sie die geistigen Gesetze des freien Willens und der Selbstbestimmung, der Achtsamkeit und Achtung vor dem anderen widerspiegelt. So wirst du frei, selbst zu entscheiden, auch wenn dich der andere noch so sehr an sich zu binden versucht. Wenn du selbst bemerkst, dass du Bindungsenergien aussendest und es nicht mit deiner bewussten Absicht ändern kannst, lege die goldene Acht um euch beide. Dann spürst du dich selbst wieder und signalisierst dir selbst, dass du nicht mehr bereit bist, dich auf süchtige Beziehungen einzulassen. Du bekommst dadurch das Geschenk der Selbstbestimmung und der Handlungsfähigkeit zurück.
Die goldene Acht kannst du immer dann nutzen, wenn du in Kontakt mit anderen treten willst, in jedem Gespräch, bei jedem Telefonat. Willst du einfach deine Ruhe oder du hast das Gefühl, du brauchst Schutz und massive Abgrenzung, dann hülle dich lieber in eine Lichtsäule oder in einen Lichtmantel (oder geh einfach nicht hin, wenn dich die Situation zu sehr bedroht).

Dieser Schutz verhindert jedoch Kommunikation, deshalb schau, welche Absicht du hegst.

Es wäre natürlich wirklich einfach super, wenn du diese Übung mit deinen Eltern durchführen könntest. Immer dann, wenn ihr Gespräche, vor allem schwierige Gespräche, führen wollt oder müsst, könnt ihr euch bewusst in diese goldene Acht stellen und immer wieder nachspüren, ob ihr diese Acht gut halten könnt. Gerade bei schwierigen Gesprächen (schwierig vielleicht deshalb, weil dir der andere Vorschriften machen kann und darf, also in diesem Moment machtvoller ist) ist es hilfreich, sich dieses geistige Bild vorzustellen, damit du nicht innerlich dichtmachen musst oder dich klein und hilflos fühlst. Denn wir alle wissen, was geschieht, wenn wir uns klein fühlen. Wir verschließen uns, hören nicht mehr zu und sind nicht mehr bereit, aber auch nicht mehr in der Lage, sinnvolle Lösungen zu finden.

Übung:

Nimm dir einen Partner, aber vielleicht nicht deine allerbeste Freundin, denn ihr seid euch sicher so vertraut, dass ihr die feinen Unterschiede nicht spüren könnt. Stelle dich der Person gegenüber. Versuche, sie bewusst in einen gemeinsamen Kreis zu bannen, während sie im Gegenzug bewusst die goldene Acht um euch beide legt. Sprecht, noch während ihr im Energiekreis steht, darüber, was ihr wahrnehmt, dann tauscht die Rollen.

Es fühlt sich meistens an, als würdest du auf dich selbst zurückgeworfen, wenn dir der andere die Acht hält, du kannst nicht in seinem Energiefeld andocken. Aber es fühlt sich gleichzeitig kraftvoll und gut an, du wirst nicht zurückgewiesen, denn der andere ist ja da, er hält nur eine andere Art der Verbindung als du. Verstehst du, das ist keine Abgrenzung, sondern etwas viel Besseres: Du hältst die geistigen Gesetze der Selbstbestimmung und euer beider Recht auf Freiheit ein – das fühlt sich letztlich für alle Beteiligten immer gut an.

Im Gegensatz dazu zeige ich dir nun eine geistige Übung, mit der du dich ausdrücklich abgrenzen und schützen kannst, wenn das nötig ist:

Meditation: Die Lichtsäule

Wie immer machst du es dir ganz bequem, schließt deine Augen und bittest, wenn du willst und an so etwas glaubst, deine Schutzengel, bei dir zu sein. Über Schutzengel haben wir noch nicht gesprochen, aber vielleicht hast du ja dennoch einen guten Kontakt zur geistigen Welt. Wenn nicht, dann lass es einfach und stelle dir bitte nur diese Lichtsäule vor. Sie ist hell und leuchtend, in wunderschönen Farben oder in weiß – je nachdem, wie es sich für dich am besten anfühlt. Nimm einfach die Farben, die dir zuerst in den Sinn kommen, der erste Impuls ist immer richtig.

Nun schau, ob du dich entscheiden kannst, dich einmal probehalber in diese Lichtsäule hineinzustellen. Es ist wie eine Lichtdusche oder wie ein strahlender Spot, der auf eine Bühne fällt, und du trittst ein in diesen gleißenden Lichtkegel. Er ist wirklich extrem hell, aber das fühlt sich sehr, sehr gut an, warm, geborgen und kraftvoll. Nun stelle dir bitte vor, dass alles Schwere von dir abfällt, das Licht strömt in deinen Körper und in deine Zellen, überall hin und es reinigt dich von allem, was dir nicht mehr dient und was du nicht mehr brauchst. Es ist, als würdest du in der Sonne liegen, die dich durch und durch wärmt, ohne dabei zu heiß zu sein. Du stehst einfach in diesem Licht und es sorgt von ganz allein dafür, dass alles Schwere wie Rauch aufsteigt oder wie eine Last von dir abgleitet. Solange du in dieser Lichtsäule stehst, kann nichts Schweres an dich herankommen. Du bist geschützt und schwebst ein wenig über den Dingen, fühlst dich lichter und freier als sonst. Das ist die Aufgabe der Lichtsäule: Sie macht dich leicht und erlaubt dir, alles, was dich belastet, hinter dir zu lassen und abzugeben. Nun kannst du, wenn du willst, einen Engel rufen. Probiere es bitte einfach mal aus: Rufe einen Engel und schau, was passiert. Es macht überhaupt nichts, wenn du das Gefühl hast, dir das alles nur einzubilden. Wenn es sich gut anfühlt, dann dient es dir auch.

Jetzt bitte ich dich, alles, was schwer ist, alles, womit du nicht klarkommst und besonders alle Fragen an diesen Engel abzugeben. Er kann dir bestimmt

ein paar Lösungen zeigen, die Schwere abnehmen und dein Leben ein bisschen leichter machen. Gib also alles, was du selbst nicht lösen kannst, womit du nicht klarkommst, an diese geistigen Botschafter ab und nimm wahr, wie du dich nun fühlst. Sicher ein wenig erleichtert, oder?
Wenn du willst, dann stelle dir jetzt vor, dass diese Lichtsäule einen äußeren Schutz enthält, einen Spiegel, der nach außen abschirmt, damit man dich nicht sieht oder ein besonders helles Lichtfeld. Oder du bittest ein paar Schutzengel oder andere Wächter darum, sich um die Lichtsäule herumzustellen und auf dich aufzupassen. Nimm bitte die kraftvollsten Wächter, die du kennst, aber natürlich nur, wenn du selbst keine Angst vor ihnen hast. Es kann auch dein Krafttier sein. Rufe einfach eine Energie, die dir das Gefühl von Schutz und Sicherheit vermittelt. Engel mit Flammenschwertern sind hier sehr nützlich, aber auch jede andere Kraft, die für dich funktioniert. Wie fühlt sich das denn an? Bleibe in der Lichtsäule, spüre die Strahlkraft, die dich heilt und reinigt und alles Schwere von dir nimmt, und fühle gleichzeitig ihren Schutz.
Wenn du von nun an im Alltag das Gefühl hast, alles ist dir zu schwer, dann stelle dich bitte immer in diese Lichtsäule und gib das Schwere an deine Schutzengel ab oder lass es vom Licht auflösen. Wenn du Schutz brauchst, dann bitte deine Wächter, sich um die Lichtsäule herumzustellen und dich zu verteidigen oder stelle dir eine undurchdringliche Wand vor. Auch ein Mantel, der dich schützt,

kann sehr hilfreich sein. Stelle es dir bitte einfach mal vor – du wirst dich vielleicht wundern, wie wirksam geistige Bilder sein können!

Diese Meditation kannst du so oft machen, wie du willst, sie wird immer genau so sein, wie du es gerade brauchst. Bestimmt macht es Spaß, wenn du diese Meditation mit deinen Freunden teilst und ihr sie euch gegenseitig vorlest, um euch darüber auszutauschen. Und damit ihr auch etwas Praktisches tun könnt, biete ich euch hier eine ganz einfache, sehr hilfreiche Übung an. Nutze sie bitte immer dann, wenn du Schutz und Kraft brauchst. Das kannst du ganz unauffällig nebenbei machen, es merkt keiner, aber du weißt, du bist sicher und geschützt.

Übung:

Stelle dich bitte gerade hin, schließe – wenn möglich – deine Augen (oder lass sie offen, das ist noch unauffälliger, aber natürlich auch ein bisschen schwieriger) und dann stelle dir bitte wieder diese Lichtsäule vor. Diesmal aber siehst du sie richtig vor dir auf dem Boden. Sie bildet einen Lichtkreis, ein Kraftfeld, ganz konkret und spürbar. Nimm bitte wahr, wo genau sich diese Lichtsäule befindet – das kann vor dir, aber auch neben oder hinter dir sein. Du kannst das nicht beeinflussen, sie fällt an genau die richtige Stelle und bildet einen Kraftplatz. Wenn du dir das nicht vorstellen kannst, dann tu einfach so und probiere es mal aus. Und jetzt mache einen echten Schritt, tritt hinein in diese Lichtsäule, als gäbe es sie wirklich. Spürst du was? Irgendetwas? Kribbeln, eine Kraft, Licht, Stabilität, Sicherheit? Ganz bestimmt, denn diese Energien sind nicht eingebildet. Wenn wir sie rufen, dann kommen sie, und wenn du Schutz und Sicherheit brauchst, dann kannst du dir Schutz und Sicherheit erschaffen. Deine geistigen Kräfte können das, und wenn du dich nun hineinstellst, dann spürst du das auch. In jeder Situation, in jedem Gespräch, immer, wenn du dich unsicher fühlst, kannst du nun diese Lichtsäule auf die Erde bitten, erkennen, wohin sie fällt und dann einen kleinen Schritt machen, um in sie hineinzutreten. Probiert das ruhig auch zusammen im Freundeskreis aus und schaut euch dabei an – es ist verblüffend, wie anders ihr aussehen, wenn ihr in einer kraftvollen Lichtsäule steht. Es wäre wunderbar, wenn ihr euch gegenseitig daran erinnern würdet, falls es mal wieder schwierig wird – sei es in der Schule, auf den Schulhof, zuhause oder wann auch immer du Kraft brauchst.

Ein geistiger Ausflug:

Liebeszauber – was geht und was nicht geht

Besonders hilfreich ist diese Lichtsäule, wenn du zum Beispiel abends unterwegs bist und jemanden siehst, den du gut findest. Genau dann, wenn du anfängst, dich ein bisschen unsicher und irgendwie hässlich zu fühlen, bitte diese Lichtsäule zu dir und stelle dich hinein. Dann strahlst du auf einmal wieder, fühlst dich kraftvoll und wirst bestimmt ganz anders wahrgenommen! Probiers mal, also mir hilft es.

Und hier ein »Das geht auf keinen Fall«-Tipp:

Wenn dir jemand gefällt, dann wirst du ihn bitte dennoch *nicht* in einen goldenen Kreis einbinden, ok? Nimm bitte immer die Acht, du bindest dich sonst selbst damit. Es nutzt nichts, daraus entsteht keine Liebe, sondern nur so ein ungutes, gebundenes Gefühl. Es kann sein, dass der andere dann erst recht flüchtet. Tu mir bitte den Gefallen und lass es. Du wendest sonst eine Kraft an, die dich selbst unfrei macht und dir bestimmt nicht die gute, lichtvolle Art von Aufmerksamkeit verschafft, die du dir so sehr wünschst. Wenn du etwas tun willst, um den anderen auf dich aufmerksam zu machen, dann hilt vielleicht Folgendes:

Bitte seine Schutzengel, egal, ob du daran glaubst oder nicht, euch beiden eine Chance zu geben, wenn es für euch beide gut ist. Bitte die geistigen Kräfte, euch zueinander zu führen, *wenn es für euch beide gut ist*, das ist wirklich ganz wichtig, Damit lässt du es frei. Egal, wie sehr du verliebt bist und den anderen haben willst – es liegt nicht in deiner Hand. Wenn das Leben andere Pläne mit dir oder ihm hat, dann hilfst du dir selbst am besten damit, indem du dem Leben vertraust und ihn auf dich zukommen lässt, wenn er das will. Wenn nicht, gibt's einen, der sehr viel besser zu dir passt. Ich weiß, wie weh das tut, aber es ist leider immer so: Wenn etwas nicht sein soll oder nicht wirklich passt, dann kannst du machen, was du willst, es hält nicht. Lass lieber gleich los und schau, was das Leben für dich bereithält …

Wenn du die geistigen Kräfte ernsthaft und aufrichtig bittest, dich zu erfüllter Liebe zu führen, dann wird das auch passieren, das verspreche ich dir.

Der fest verwurzelte Baum

Für alle, die in sich Halt suchen, sich nicht geerdet fühlen, haltlos wirken, irgendwie neben sich stehen oder den Boden unter den Füßen verloren haben. Hilfreich immer dann, wenn etwas aus dem Gleichgewicht gerät, gibt Festigkeit und irdische Kraft.

Schwebst du immer irgendwie etwas über den Dingen? Hast du das Gefühl, den Boden unter deinen Füßen nicht richtig zu spüren oder möchtest du das auch gar nicht? Bist du nicht richtig verwurzelt, verlierst du rasch das innere Gleichgewicht und weißt nicht mehr, was du eigentlich willst? Es ist wichtig, dass du wirklich HIER bist, sonst wirst du rasch zum Spielball deiner Launen oder der Gefühle anderer Menschen. Wenn du nicht fest und sicher in deinem Leben stehst, dann kann jeder, der dich auch nur ein bisschen »anpustet«, Einfluss auf dich haben und dich von deinem Weg abbringen. Auch und gerade wenn du Stress mit deinen Eltern hast, ist es wichtig, dass du gut verwurzelt bist, sonst haut es dich einfach um und du kannst nicht mehr angemessen reagieren. Du verlierst dich selbst und weißt bald gar nicht mehr, was für dich richtig und falsch ist. Du kannst diese Übung im Liegen machen, aber vielleicht willst du auch mal ausprobieren, wie es sich anfühlt, wenn du dich dabei hinstellst, damit deine Füße guten Kontakt zum Boden haben. Das macht dich unabhängig und frei, wenn es dir nicht mehr so viel ausmacht, ob etwas vielleicht grad mal ein wenig merkwürdig ausschaut. Echte Freiheit bedeutet, deinen inneren Impulsen zu folgen, also nicht der Angst, nicht der Scham zu viel Raum zu geben, sondern den Weg der Lebendigkeit zu gehen – egal, wie komisch es für andere auch aussehen mag. Das macht dich *wirklich* frei. Hier kommt nun also die Baumübung. Bitte führe sie durch, wann immer du mehr oder weniger Halt brauchst. Das kannst du, wenn du geübt bist, auch ganz nebenbei machen, auf dem Schulhof oder im Wohnzimmer, das merkt niemand. Wenn du dich ein wenig sanfter erden willst, dann gefällt dir vielleicht die zweite Meditation.

Meditation: Erdung I

Stelle dich mit beiden Füßen fest auf den Boden oder lege dich bequem hin, wie es dir lieber ist. Nun schließe deine Augen und stelle dir vor, dein Körper wäre ein Baum. Deine Wurzeln reichen tief in die Erde, nehmen Nahrung aus ihr auf und du bekommst alles, was du brauchst. Diese Kraft aus der Erde sieht eventuell aus wie rotes Licht. Vielleicht ist dir aber auch Wasser angenehmer oder du spürst einfach einen Strom der Kraft. Nimm dir Zeit, zu erleben, wie es sich für dich anfühlt und tauche ein in diesen Zustand. Es gibt kein „Richtig" oder „Falsch", denn so, wie *du* es spürst, ist es für dich richtig. Lasse nun diese Kraft aus der Erde in all deine Zellen fließen, in deinen ganzen Körper. Vielleicht magst du dir vorstellen, dass es tief in der Erde ein Herz gibt, ein riesiges goldenes Herz, und dass die Liebe aus diesem Erdherz in dich einströmt. Das Licht, die Liebe der Erde fließt in deinen Körper und in dein eigenes Herz, es wird dabei ganz warm und weit. Das kann ein wenig dauern, nimm dir Zeit, es wirklich zu spüren. Immer fester fühlst du dich mit der Erde verbunden, auf eine gute, Halt gebende Art. Wenn du so richtig von Erdkraft durchströmt bist, dann richte deine Aufmerksamkeit nach oben, in Richtung Oberkörper und Kopf. Hier befinden sich deine Äste und Blätter. Du spürst, wie sich die Blätter sanft im Wind bewegen, wie das Licht der Sonne auf sie scheint und sie mit Kraft erfüllt. Die Wärme der Sonne fließt in die Blätter hinein, und nach wenigen Augenblicken spürst du diese Wärme in deinem eigenen Körper. Du genießt es sehr, ein Baum zu sein, denn du weißt, dass du vielen Tieren eine Heimat bietest. Vielleicht nistet ein Vogel in deinen Zweigen, ein Eichhörnchen klettert auf dir herum, Vögel landen auf deinen Ästen und fliegen wieder davon … Lass dir ganz viel Zeit, all das Leben in dir zu spüren und zu beobachten.

Du nimmst also die Energie der Erde und der Sonne in dich auf, lässt dich nähren und mit Kraft erfüllen und schenkst gleichzeitig vielen Lebewesen eine Heimat, einen Ort der Sicherheit und der

Geborgenheit. Dir wird klar, dass du sehr wichtig und nicht nur irgendein Baum bist, denn du bietest Schatten, Schutz und Nahrung für sehr viele Tiere. Das gibt dir ein gutes Gefühl, du fühlst dich gebraucht und wertvoll. Fest und sicher stehst du da, nimmst all die Kraft in dich auf und verschenkst sie an alle, die bei dir Schutz suchen, einfach so, indem du da bist. Es gibt nichts zu tun, du spürst das Fließen der Kraft aus der Erde und die Wärme der Sonne in dir, fühlst dich selbst fest verwurzelt und sicher, während du auch anderen Sicherzeit und Schutz bietest.

Bleib nun noch ein bisschen in diesem Gefühl und behalte es in dir, auch wenn du jetzt langsam wieder die Augen öffnest und den Raum wahrnimmst, in dem du dich befindest. Wenn du diese Übung ganz schnell machen willst, dann konzentriere dich nur auf das Strömen aus der Erde und die Wärme der Sonne, das gibt dir Kraft und Halt, wenn du rasch Energie brauchst.

Meditation: Erdung II

Du entspannst dich ein bisschen, machst es dir bequem, kommst zur Ruhe. Nun stelle dir bitte eine traumhaft schöne Landschaft vor. Sie ist sehr gesund und strahlt reine Lebenskraft aus. Vor dir liegt ein wundervoll schimmernder, tiefblauer Teich, er funkelt wie ein Saphir. In diesem Teich gibt es eine

Seerose oder eine Lotosblume, so, wie es dir lieber ist. Sie ist fest im Schlick des Sees verwurzelt und wiegt sich sanft im leichten Wellenschlag. Und nun stelle dir bitte vor, du selbst wärst diese Pflanze. Deine Blätter schaukeln sachte auf dem Wasser, aber deine Wurzeln sind tief und stabil im Boden des Sees verankert. Lasse deine Wurzeln noch ein Stück tiefer in den Grund des Sees hineinwachsen, fühle die Festigkeit und Geschmeidigkeit des Bodens, der dich hält. Der Boden gibt dir genau den Halt, den du brauchst. Er hält dich, engt dich aber nicht ein. Du spürst die feuchte Kühle an den Wurzeln, den Halt, aber auch die Elastizität und Weichheit des Bodens. Nun nimm deinen langen Stängel wahr. Wie ein dickes, stabiles Seil steigt er im Wasser nach oben, stark und biegsam zu gleich. Dein Stängel wiegt sich sachte mit der Bewegung des Wassers und du spürst einmal mehr, wie angenehm du im Boden verankert bist. Das Wasser trägt dich, beinah schwerelos wiegen dich die Wellen. Auf der Wasseroberfläche liegt deine zarte Blüte. Vielleicht ist sie bereits geöffnet, vielleicht auch noch ganz fest geschlossen …
Stück für Stück öffnest du nun diese Blüte, und es ist, als würdest du mit jedem Blatt auch eine Rolle abstreifen, die du normalerweise spielst. Es ist, als öffne sich mit jedem Blütenblatt auch ein Stück von dir selbst. Die Sonne wärmt dich und ermutigt die Blüte, sich immer mehr zu öffnen. Du weißt, der Raum ist sicher, hier kann dir nichts passieren.
Irgendwann ist die Blüte so weit geöffnet, wie dir

das heute möglich ist und wie es sich gut anfühlt. Sie duftet wunderbar und strahlt in einer zauberhaften Farbe. Die Sonne scheint hinein und wärmt die Blüte, diese Wärme und das Licht strömen durch den Stängel hinunter bis in die Wurzeln. Und auf einmal kommt dir ein Gedanke:
Diese Blüte ist vielleicht dein Herz, und du hast die Idee, dass du dein Licht, den Duft deines Herzens, deine Liebe, von hier aus in die Welt schicken könntest. Wie Lichtspiralen, wie funkelnde Kristalle steigen die Schönheit und Liebe deines Herzens, steigen deine Zartheit und dein Blumenduft auf, wie eine glitzernde Lichtsäule oder ein Regen aus Sternen funkelt deine Liebe zu demjenigen hin, dem du sie jetzt, in dieser Sekunde, schenken willst. Noch während das geschieht, spürst du ganz genau, wie das Herz des anderen reagiert. Wenn du möchtest, dann schicke deine Liebe in die ganze Welt, in alle Länder, ziehe einen Schweif von Lichtfunken der Liebe um den ganzen Planeten Erde, sende sie ins All, ins ganze Universum – und schau, was passiert! Vielleicht beginnt die Energie nun zurückzuströmen, aber vielleicht auch nicht. Nimm es einfach wahr, denn so, wie es ist, ist es gut.
Genieße diesen Zustand und wenn du irgendwann wieder in die reale Welt zurückkommen möchtest, dann schließe bitte die Blütenblätter wieder soweit, wie es dir angenehm ist. Du kannst sie öffnen, wenn du im sicheren Raum bist. Aber wenn du mit anderen zu tun hast, ist es sinnvoll, ein we-

nig achtsam mit sich selbst umzugehen. Du weißt genau, wie viel Offenheit du dir selbst erlauben beziehungsweise zumuten kannst.
Komm nun mit deiner Aufmerksamkeit in den Raum zurück, in dem du dich befindest. Nimm dabei aber das Wissen mit, dass du fest verwurzelt bist, dass du dein Herz öffnen kannst, wenn du das willst, und dass dich die Erde nährt und trägt.

Übung:

Wenn du magst, dann probiere doch mal Folgendes aus:
Geh spazieren, am besten allein oder mit jemandem, dem du wirklich vertraust, dem du alles erzählen kannst. Such dir einen Baum und lehne dich einfach gegen ihn. Nun schließe deine Augen (oder lass sie offen, damit es nicht komisch aussieht, konzentriere dich aber dennoch) und stelle dir vor, du verwächst mit diesem Baum. Bitte ihn, dir Stabilität und Energie zu schenken, so viel, wie du gerade brauchst und so viel er dir abgeben kann, ohne selbst Schaden zu nehmen. Ich bitte dich, probiere es einfach mal aus, den Baum um Kraft zu bitten. Es geht ganz leicht und du wirst sicherlich erleben, wie dich Halt und Sicherheit durchströmen. Vielleicht hast du gar einen Lieblingsbaum, den du sowieso immer aufsuchst. Wenn nicht, dann ist es vielleicht eine gute Idee, einen kennenzulernen. Halte einfach beim Spazierenge-

hen die Augen offen, dann wirst du den richtigen Baum schon treffen.
Gerade dann, wenn du dich ein wenig haltlos fühlst, kann es sehr guttun, sich von dem Baum Kraft geben zu lassen.

Mit Schwierigkeiten umgehen

Für alle, die in scheinbar unlösbaren Problemen stecken, die keinen Ausweg wissen.
Besonders hilfreich ist diese Übung bei Schwierigkeiten mit Lehrern oder Eltern, außerdem immer dann, wenn Fragen über das eigene Leben im Raum stehen.

Immer wieder werden wir alle mit Situationen konfrontiert, in denen wir einfach nicht wissen, was wir machen sollen. Es gibt in deinem Leben vielleicht scheinbar unlösbare Probleme, weil die Lösungen nicht von dir selbst abhängen, sondern andere Menschen mit einbeziehen. Du kannst reden, versuchen, Dinge zu ändern, aber manchmal müssen wir lernen, loszulassen und auf das Wirken einer Höheren Ordnung zu vertrauen.
Zunächst biete ich dir eine Meditation an, mit der du deinen Schutzengel kennenlernen kannst. Engel sagen von sich selbst, dass sie nur einen Gedanken weit weg sind und immer antworten, wenn du sie rufst. Nun, ob du das glaubst oder nicht, bleibt natürlich dir selbst überlassen. Aber vielleicht ist es eine gute Idee, es zumindest einmal auszuprobieren – was hältst du davon? Du brauchst nicht an Engel zu glauben, halte es aber mal bitte für möglich, dass es welche gibt, nur so, aus Spaß. Wer weiß, vielleicht erlebst du etwas Wunderschönes?

Meditation: Kontakt mit dem Schutzengel aufnehmen

Mache es dir bitte wie immer ganz bequem – sicher hast du längst einen Lieblingsort für deine Traumreisen gefunden. Wie du es nun schon gewohnt bist (falls du die anderen Übungen gemacht hast), stellst du dir eine Lichtsäule vor, ein wundervoll leuchtendes Licht, das auf die Erde fällt, wie ein Sonnenstrahl, der dich wärmt und in dem du dich einfach wohlfühlst.
Du stellst dich hinein in dieses Licht und fühlst seine Wärme, die Leichtigkeit, die in dir entsteht. Genieße diese Wärme, lass dich ausfüllen und innerlich erleuchten, als würde ein Licht in dir angeknipst. Von innen heraus scheint dieses Licht nach außen, sodass du leuchtest und glühst. Das fühlt sich wunderbar an, alles in dir wird warm und du atmest vielleicht tief auf. Nun bitte ich dich, stelle dir einen Engel vor. Es ist egal, *wie* du ihn dir vorstellst, es gibt kein richtig oder falsch, stelle dir einfach deinen Lieblingsengel vor. Wenn du ein inneres Bild hast, wenn du also diesen Engel innerlich vor Augen hast, selbst wenn es nur ganz undeutlich ist, dann bitte ihn darum, zu dir in die Lichtsäule zu kommen. Du siehst, wie er in die Lichtsäule eintritt und mit ihr verschmilzt. Und jetzt spüre, was mit dir passiert. Verändert sich das Gefühl von Wärme? Wirst du irgendwie ruhiger? Vielleicht ändert sich auch gar nichts, sei ganz offen, es ist ja nur ein Angebot. Es ist ok, auch wenn du nichts spürst. Bitte

nun diesen Engel, dich auf eine Weise zu berühren, die du wahrnehmen kannst, wenn das möglich ist. Wieder fühlst du in dich hinein und bemerkst, was sich verändert. Erinnere dich bitte, es gibt kein richtig oder falsch, alles ist gut und darf genauso sein, wie es nun mal ist.

Genieße nun diese Ruhe, bleib noch ein bisschen in der Lichtsäule stehen und lass dir von deinem Schutzengel Kraft und Wärme schenken. Falls du ihn gut wahrnehmen kannst, hast du nun sogar die Möglichkeit, ihm Fragen zu stellen. Lass dir Zeit und nimm wahr, was er antwortet, vielleicht hörst du es wie eine Art Stimme in deinem Kopf, du erlebst die Antwort als einen besonders klaren Gedanken oder du weißt es auf einmal einfach.

Wann immer du nun Kontakt mit diesem Schutzengel haben möchtest, stelle dich einfach in eine Lichtsäule und bitte ihn, dich da zu treffen. Die Lichtsäule dient dazu, dass du selbst aufnahmebereit wirst, der Schutzengel braucht sie nicht, er ist sowieso immer da.

Wenn du willst, dann verlasse nun die Lichtsäule und komm mit deiner Aufmerksamkeit in den Raum zurück, in dem du dich befindest. Du kannst aber genauso gut einfach in der Lichtsäule stehenbleiben und zugleich deinen Körper wieder spüren – wie es dir lieber ist.

Eine weitere Meditation mit dem Schutzengel ist die folgende. Du kannst sie immer anwenden, wenn du Probleme hast, die du selbst nicht lösen kannst.

Meditation: Lösungen finden

Entspanne dich, indem du dich hinsetzt oder hinlegst, die Augen schließt, dich ausruhst und es dir gutgehen lässt. Komm zur Ruhe, lass los, du darfst nun tiefer in dich hineinsinken und Zeit mit dir selbst verbringen.

Jetzt erscheint vor deinem inneren Auge ein wunderbar funkelndes, farbiges Licht, eine glitzernde Wolke aus Lichtstrahlen. Sie hüllt dich ein, reinigt, entspannt und heilt dich überall da, wo du es brauchst.

Du beginnst, das Licht sanft in dich hineinzuatmen. Es fließt überall da hin, wo es gebraucht wird. Beim Ausatmen kannst du nun alles loslassen, was dich nicht länger unterstützt. Das farbige Licht fließt in all deine Zellen, durchströmt deine Organe, deine Wirbelsäule, heilt, reinigt und entspannt überall da, wo du es brauchst. Du fühlst dich gelöst und frei, wohl wie vielleicht schon lange nicht mehr. Du läßt noch ein wenig mehr los, die Außenwelt versinkt und du spürst nur noch dich, deine Empfindungen, deine inneren Bilder. Du erlaubst dir, zu fühlen, was du fühlst und zu wissen, was du weißt. Es gibt nun nichts mehr zu tun, du darfst dich ausruhen, dich selbst spüren. Die Wolke aus farbigem Licht wird zu einer stabilen Lichtsäule, in der du dich nun befindest.

Jetzt bitte deine Schutzengel zu dir, vielleicht sind es mehrere, vielleicht ist es nur einer, und spüre seine oder ihre Wärme und Fürsorge. Es gibt sehr viele unterschiedliche Weisen, Engel wahrzunehmen. Bitte sie, sich dir so zu zeigen und zu nähern, dass du sie wirklich wahrnehmen und spüren kannst. Wenn du sie spürst, dann richte dein Augenmerk auf das, was in dir schwer ist, worüber du dir Gedanken und Sorgen machst, konzentriere dich auf die ungelösten Probleme und Fragen deines Lebens. Stelle dir vor, wie du all diese Schwierigkeiten in ein Päckchen, vielleicht auch in ein großes Paket hineinpackst. Vielleicht schreibst du alles auf einen Zettel und legst ihn in das Päckchen. Vielleicht erkennst du eine dunkle Wolke, vielleicht ein Symbol oder einen Gegenstand, ein Werkzeug. Pack dein Päckchen sorgfältig und achte darauf, dass du alles hineinlegst, was du erlösen willst, wofür du eine Lösung brauchst.

Nun bitte deinen Schutzengel, das schwere Paket von dir zu nehmen und sieh, was geschieht. Er nimmt es dir ab und augenblicklich löst es sich auf. Und plötzlich beginnen kleine Fragezeichen oder Lichtfunken in der Lichtsäule aufzusteigen. Du siehst die Fragezeichen oder die Lichtfunken aufsteigen und etwas in dir beginnt, sich zu entspannen und aufzuatmen, du weißt, Lösungen sind bereits auf dem Weg zu dir. Und auf einmal beginnen Lichtfunken zu dir herabzurieseln, wie in einer Schneekugel, und du weißt, hier bekommst du die Antworten auf die Fragen deines Lebens. Es kann ein bisschen dauern, bis die Lichtfunken in deinem Bewusstsein angekommen sind und echte Lösungen erkennbar werden. Übe, deinen Geist offenzuhalten. Du kennst die Lösungen nicht, sonst hättest du sie längst für dich gefunden und umgesetzt. Nun aber strömen Antworten in dich ein, in Form von Ideen, Gedanken, inneren Bildern. Vielleicht fällt dir auf einmal der Text eines Liedes ein, das du magst und du erhältst auf diese Weise eine Antwort. Nun komm langsam mit deiner Aufmerksamkeit in den Raum zurück, in dem du dich befindest und wisse, der Prozess in dir findet statt, auch wenn du dich nicht bewusst darum kümmerst. Sei in den nächsten Tagen offen für innere Impulse, mehr gibt es nicht mehr zu tun.

Den Engel in dir selbst erkennen

Für alle, die auf der Suche nach ihren spirituellen Wurzeln sind. Ein Angebot, sich selbst als frei und licht zu erfahren, innere Freiheit zu spüren.
Für viele ein Bedürfnis, auch wenn sie es nicht zugeben würden.

Glaubst du an Engel? Vielleicht. Aber denkst du auch, dass du selbst einer sein könntest? Ob das stimmt oder nicht, ist gar nicht so wichtig. Ich möchte dir mit dieser Meditation zeigen, wie sich ein Engel fühlen könnte. Es gibt dir eine etwas höhere Sicht der Dinge und das kann oft wirklich helfen. Wann immer du also ein wenig inneren Freiraum brauchst, dich erholen musst und das Gefühl hast, dein Leben und die Ansprüche der anderen sind dir zu viel, kannst du dich zurückziehen, deine Flügel öffnen und einfach davonfliegen. Du wirst ganz bestimmt voller Kraft wiederkommen – und vielleicht bringst du uns ein wenig Licht mit, wir können es brauchen.

Meditation: Triff den Engel, der du bist

Du setzt oder legst dich bequem hin, erlaubst dir,

zur Ruhe zu kommen. Es gibt nichts mehr zu tun, du darfst dir vorstellen, dass du alles, was dich jetzt noch belastet, in ein kleines Päckchen verpackst und vor die Tür stellst. Jetzt kannst du aufatmen, tiefer und tiefer sinken, du darfst der Außenwelt erlauben, sich nun für eine Weile ohne dich weiterzudrehen. Du richtest deine Aufmerksamkeit nun ganz auf deine Innenwelt. Du atmest vielleicht tief auf, ein Funken von Freude und Leichtigkeit steigt in dir auf, es gibt nichts mehr zu tun …

Eine Lichtsäule erscheint, du kennst sie schon. Du stellst dich in diese Lichtsäule hinein, wie dunkler Rauch steigt nun alles auf, was dich schwer sein lässt. Du nimmst wahr, wie du leichter und leichter wirst. Auf einmal wirst du so leicht, dass du in der Lichtsäule zu schweben beginnst. Du steigst in Spiralen immer höher und höher. Das fühlt sich wundervoll an, die Lichtsäule trägt dich und durchströmt dich mit ihrem kraftvollen Licht. Auf einmal spürst du, du bist irgendwo angekommen. Der Raum öffnet sich und du weißt, du bist in der Welt der Engel angekommen.
Du betrittst dieses Reich, auch wenn du noch nie hier warst und gar nicht weißt, wie es aussehen könnte. Vielleicht spürst du dieses Reich auch eher als dass du es siehst. Es ist weit, frei, liebevoll und sehr luftig. Ein Engel tritt auf dich zu und führt dich in eine Art Zimmer, einen wundervoll ausgestatteten Raum mit goldener Energie. Ein goldener Engel tritt nun auf dich zu, auch er begrüßt dich.

Er führt dich zu einer Liege und sagt dir, dass du dich bitte auf den Bauch legen sollst. Du machst es dir bequem. Auch wenn du nicht weißt, was auf dich zukommt, fühlst du dich doch wohl und sicher, weil der Engel so liebevoll ist. Er berührt dich am Rücken – und auf einmal hast du das Gefühl, dir würden Flügel wachsen. Größer und größer werden sie und das fühlt sich zu deinem Erstaunen sehr gut an, vertraut irgendwie, so, als hättest du schon einmal Flügel gehabt. Probeweise bewegst du deine Flügel ein wenig und bemerkst, dass du genau weißt, wie das geht.
Der Engel streichelt deine Flügel, streicht sie glatt und sagt dir, dass du ein bisschen mit ihm fliegen darfst, wenn du das willst. Du nickst, auch wenn du nicht weißt, ob du das kannst. Vorsichtig stehst du nun auf, doch es fühlt sich ganz leicht und natürlich an, auf einmal Flügel zu haben. Ihr kommt an einem großen Spiegel vorbei und nun kannst du sie auch sehen. Wundervoll schimmernd, in einer zauberhaften Farbe, liegen sie auf deinem Rücken – und auf einmal bist du richtig glücklich, fühlst dich frei wie vielleicht schon lange nicht mehr.
Der Engel führt dich aus dem Zimmer heraus in eine sehr schöne Landschaft, du bewegst probeweise die Flügel, noch ein wenig mehr – und auf einmal, du weißt vielleicht gar nicht genau, wie du in die Luft gekommen bist, fliegst du mit dem Engel.
Das fühlt sich wunderbar an, sehr leicht und frei. Du siehst von oben auf dich selbst herab, auf dein

Leben, siehst deine Eltern, die Schule, alles, was dich bewegt – und auf einmal weißt du, was zu tun ist, was wirklich wichtig für dich ist oder wie dein nächster Schritt aussieht.
Mit absoluter Klarheit erkennst du deinen Weg, zumindest den Schritt, der nun ansteht. Vielleicht erkennst du auch, es ist alles auf dem Weg und entwickelt sich in aller Ruhe, es gibt gar nichts zu tun, alles läuft.
Ihr fliegt gemeinsam, solange ihr das wollt und du weißt, du kannst jederzeit hierher kommen. Der Engel holt dich ab, du brauchst dir nur die Lichtsäule vorzustellen. Gerade deshalb fällt es dir nun leicht, wieder in die Lichtsäule einzutauchen und ganz langsam zur Erde hinabzusinken. Wann immer du dich schwer fühlst oder dein Leben von oben betrachten möchtest, bittest du ihn, dich abzuholen und dir deine Flügel zu geben, vielleicht bringst du sie auch ganz heimlich mit zur Erde.
Glücklich und eins mit dir und deinem Engeldasein kehrst du nun in deinen Körper zurück. Augenblicklich wird er von diesem neuen Bewusstsein durchströmt, deine Zellen beginnen, die neuen Informationen umzusetzen und ein Prozess der Veränderung nimmt seine Anfang.
Vielleicht kribbelt es auf einmal oder du wirst müde. Vielleicht wirst du auch hellwach und bist frisch und munter. Ruh dich aus oder achte jetzt das, was dir guttut.

Die Beziehung zu dir selbst herstellen

Diese Meditation ist ein Basiswerkzeug.
Es lässt sich immer und überall anwenden, holt entweder das innere Kind oder andere verletzte und hilfesuchende innere Anteile ins Leben zurück.

Fühlst du dich oft einsam und unverstanden? Kennst du dich selbst oft nicht und weißt nicht, wie du dir helfen kannst? Es gibt eine Möglichkeit, gut für dich zu sorgen und dir selbst dein bester Freund zu sein, die ich dir gerne anbieten möchte. Selbstverständlich brauchen wir Freunde, die uns begleiten und ich hoffe, du hast zumindest einen echten Weggefährten. Aber das Wichtigste ist, dass du dir selbst ein guter Freund sein kannst, dass du selbst für dich da bist. Ich bitte dich, probiere folgende Meditation einfach mal aus. Es kann sein, dass du dir ein bisschen komisch dabei vorkommst – möglicherweise ist dir diese Art, für dich selbst da zu sein, aber auch sehr vertraut. Wenn du sie für dich anwenden kannst, dann wirst du nie wieder einsam sein, du wirst dich vielmehr von nun an aus jeder Situation abholen und erlösen können.

Meditation: Sei dir selbst dein bester Freund

Bitte mache es dir bequem, so, wie du es jetzt vielleicht schon gewöhnt bist, schließe deine Augen und atme ein paar Mal tief durch.
Es fällt dir leicht, dich zu entspannen und ruhiger zu werden. Du hast vielleicht das Gefühl, wie auf einer Wolke zu liegen, tiefer hineinzusinken, bis du dich ganz geborgen und geschützt fühlst. Stelle dir bitte vor, du liegst auf einer Wolke. Sie ist aus einem wunderbar weichen Material, wie Watte, sehr angenehm und kuschelig, aber doch fest genug, um dir einen guten Halt zu geben, ähnlich wie ein Wasserbett oder eine Hängematte, die dir genau den richtigen Halt gibt. Du ruhst dich aus, genießt dieses geborgene Gefühl.
Tiefer und tiefer entspannst du dich. Über deinem Kopf gibt es einen strahlenden Stern, der in Gold, Silber oder einer für dich wundervollen Farbe schimmert und funkelt. Glitzernd strahlt er auf dich herab, du atmest das Licht in dich ein und spürst seine Kraft nun auch in dir. Nimm dir ein wenig Zeit zu spüren, auf welche Weise du das Licht in dir wahrnimmst – vielleicht eher als Gefühl, als inneres Bild, vielleicht auch als körperliche Empfindung …

Nun, während du dich ganz und gar wohlfühlst, stelle dir bitte eine Situation vor, in der du dich einsam oder unverstanden gefühlt hast oder verletzt und alleingelassen wurdest. Vielleicht ist diese Situation schon vor ein paar Jahren geschehen, vielleicht erst gestern, schau einfach, welche Situation dir als Erstes einfällt. Nun sieh dich noch einmal dort stehen oder sitzen, sieh, wer bei dir ist. Sind es deine Eltern? Deine Lehrer? Wirst du auf dem Schulhof ausgelacht oder sitzt du allein und traurig in deinem Zimmer? Wünschst du dir etwas ganz sehnlich und du bekommst es nicht? Schau genau hin und erlaube, dass auch deine Gefühle noch einmal spürbar werden. Fühle die Wut, die Enttäuschung, die Trauer, eben das, was du fühlst. Und nun bitte ich dich, stelle dir vor, dass du genau so, wie du jetzt hier liegst oder sitzt, mit in diese Situation hineingehst. Du bist nun also zweimal da – einmal jünger, einmal so alt wie jetzt, genau zu diesem Zeitpunkt. Vielleicht siehst du dich gar bereits erwachsen, weil du dann natürlich noch viel mehr Selbstbestimmung hast. Und nun bitte ich dich, wie auch immer du dich selbst siehst, geh zu dir hin, sei dir selbst dein bester Freund, geh hin zu der jüngeren Person, nimm dich selbst in den Arm und gib dir das, was dir deine Mitmenschen damals nicht geben konnten. Sage dir, dass du von nun an immer bei dir bist, egal, was passiert und sage dir bitte, dass es einen Ort gibt, an dem all deine Sehnsüchte erfüllt werden. Rede mit dir, wie du mit deiner besten Freundin, deinem besten Freund reden würdest. Tröste dich selbst, steh dir bei und geleite dich selbst aus dieser schwierigen Situati-

on hinaus. Wenn andere dabei sind, dann sage ihnen, dass du nicht mehr erlaubst, dass sie so mit dir umgehen und nimm das verletzte Kind, also damit auch dich selbst, zu dir und in deine Obhut. Du kannst das, du gehst hinein, bist angefüllt von all dem Licht und du stehst dir selbst bei, egal, wer da ist. Du sagst deinen Eltern, dass du ihnen nicht erlaubst, so mit deinem – nennen wir es inneres Kind – zu reden, und dass du es nun in deine Obhut nimmst. Natürlich sind es deine Eltern und sie sorgen für dich, aber immer dann, wenn sie eben nicht gut für dich sorgen, aus welchen Gründen auch immer, kannst du das von nun an selbst tun.
Und dann führe bitte dein jüngeres Selbst aus dem Zimmer und stelle dir einen wunderschönen Garten vor, einen Zaubergarten, einen Ort, an dem all deine Sehnsüchte, Wünsche und Träume erfüllt werden. Es gibt einen Hüter dieses Ortes, einen sehr liebevollen Engel, der dich begrüßt. Dein inneres Kind, dein jüngeres Selbst oder wie immer du es gerne nennen möchtest, rennt oder geht zu dem Engel hin und flüstert ihm seinen sehnlichsten Wunsch ins Ohr – und augenblicklich wird dieser Wunsch erfüllt. Vielleicht erscheint es dir als Bild: Du siehst dich selbst glücklich und erfüllt, wie du auf dem ersehnten Pferd reitest, von deinen Eltern in die Arme genommen wirst, zu einer bestimmten Party gehst – was immer dein sehnlichster Wunsch ist, jetzt und hier wird er erfüllt. Du spürst, wie die Kraft und die Energie der Erfüllung in dich einflie-

ßen und etwas in dir zur Ruhe kommt und aufatmet. Verstehst du, nur weil in der Realität nicht immer alles so toll ist, brauchst du dennoch nicht im Mangel zu sein. In dir, in deinem Herzen, gibt es einen Ort, an dem all deine Wünsche und Sehnsüchte erfüllt werden, mithilfe von Engeln und des Lichts.
Hole dich selbst von nun an immer dann, wenn du verletzt wirst, selbst aus der Situation heraus, indem du sie dir einfach noch einmal vorstellst, voller Kraft hineingehst, und dich selbst in die Arme nimmst und in den Zaubergarten zu dem Engel führst. Hier bekommst du genau die Kraft, die du brauchst, um getröstet und voller Vertrauen und Kraft weiterzugehen.
Wenn es dir hilfreich erscheint, dann stelle dir bitte vor, dass es um diesen Zaubergarten einen großen Zaun und ein Tor gibt, außerdem einen Wächter, der das Tor behütet. Niemand wird dich hier stören, der Wächter sorgt dafür, dass du in diesem Zaubergarten absolut sicher und geschützt bist.

Komm nun mit deiner Aufmerksamkeit wieder zurück in den Raum, in dem du dich befindest und erinnere dich von nun an immer wieder daran, wie du dich selbst aus allen schwierigen Situationen erlösen und befreien kannst.

Übung:
Eine Wunsch-Collage kleben

Nimm bitte ein Bild von dir selbst zur Hand und frage dich, was deine tiefsten Wünschen und Bedürfnisse sind. Es geht niemanden etwas an, das machst du bitte ganz und gar für dich allein – außer, du möchtest es gerne teilen. All deine Wünsche sind in Ordnung, egal, ob andere sie gutheißen oder nicht. Es geht nur um dich. Gerade die Wünsche, die von anderen verurteilt werden, brauchen besonderes viel Liebe und Mitgefühl. Nun bastle dir bitte eine Collage deines Zaubergartens, indem du aus vielen verschiedenen Zeitschriften alles ausschneidest, was sich dein inneres Kind (dein inneres Ich, oder wie immer du es nennen möchtest, es *muss* kein Kind sein!) wünscht: Liebe, Geborgenheit, ein Pferd, einen Hund, ein Geschwisterchen, ein eigenes Zimmer, bestimmte Kleidungsstücke, eine CD – was immer du brauchst, um glücklich zu sein, darfst du dir ausschneiden. Nimm dir ein großes Stück Papier – vielleicht findest du noch irgendwo einen Rest Raufasertapete oder einen großen Zeichenblock – sonst kleb ein paar Blatt Papier mit Tesafilm so zusammen, dass du eine genügend große weiße Fläche zur Verfügung hast. Suche dir einen Engel, der dich behütet und all deine Sehnsüchte und Wünsche erfüllt, aus einer Zeitschrift oder male selbst einen auf das Papier. Klebe das Bild von dir selbst in die Mitte des Papiers und füge alles hinzu, was du dir wünschst. Wenn du etwas brauchst, aber kein Bild dafür findest, dann schreibe einfach das Wort mit auf das Papier. Niemand braucht diese Collage zu sehen, sie geht niemanden etwas an, so darfst du ganz ehrlich sein. Sieh das Kind oder den Jugendlichen auf dem Bild in der Mitte lächeln, wenn du ihm alles schenkst, was er sich wünscht!

Wenn du fertig bist, dann lege dein Werk an einen Ort, an dem es niemand sieht – oder häng es mitten an die Wand, je nachdem, wie es sich für dich besser anfühlt. All das sind deine Wünsche und Träume, und der Engel wird dafür sorgen, dass sie erfüllt werden – wenn nicht auf der Erde, dann zumindest im Reich deiner Seele. Das ist keine Einbildung. Wenn du die Augen schließt und einmal in dich hineinhörst, wie fühlt sich das an? Kommt etwas in dir zur Ruhe, spürst du, dass sich deine Wünsche auf einer inneren Ebene erfüllen? Natürlich ist es viel schöner, wenn sie sich auch außen erfüllen, das geht aber nicht immer, zumindest nicht auf der Stelle. Aber innen, tief in dir selbst, brauchst du nie wieder im Mangel zu sein.

Dein Körper: ein gesundes Gewicht erreichen

Für alle, die ein anderes Körperbewusstsein brauchen. Für Jugendliche, die Gewichtsprobleme haben oder dahingehend veranlagt sind.
Aber auch für alle, die sich in ihrem eigenen Körper zu Hause fühlen wollen
Ebenso für Indigo-, Regenbogen- und Kristallkinder, die ihre seelische Heimat vermissen und sich auf der Erde verankern wollen.

Kannst du dir vorstellen, es gäbe eine Art Heimatplanet für dich? Glaubst du manchmal, du kommst gar nicht von der Erde, sondern bist irgendwie fremd? Erinnerst du dich gar an deine Heimat, weißt du noch, wie es dort ist? Kann es sein, dass du deshalb manchmal so müde, träge, traurig, aggressiv oder lustlos bist, weil du in Wahrheit Heimweh hast? Musst du vielleicht deshalb so viel oder gar nichts essen, weil du dich an irgend etwas festklammern willst, aus lauter Angst, ansonsten die Erde zu verlassen und wieder nach Hause zu schweben? Nun, ob das so ist oder nicht – warum probieren wir nicht einfach aus, wie es sich für dich anfühlt, nach Hause zu kommen, ins Reich deiner Seele, in deine Farben einzutauchen, deine Freunde zu treffen und das Gefühl zu haben, endlich dazuzugehören?

Die folgende Meditation schreibe ich bei mir selbst ab, du findest sie im Buch »Mit Meditationen zum Wohlfühlgewicht«, weil ich aber nicht davon ausgehe, dass du all meine Bücher kennst, möchte ich sie dir hier noch einmal anbieten. Sie erfüllt dich und deinen Körper mit Liebe, immer dann, wenn du dich selbst kalt und ungeborgen, einfach ungeliebt fühlst, ob es dir bewusst ist oder nicht. Probiere es bitte einmal aus, wie es sich für dich anfühlt, mit goldenen Herzen erfüllt zu sein, bestimmt gefällt es dir.

Wir können gar nicht genug Liebe in uns aufnehmen, ich bitte dich, nutze die Kraft der goldenen Herzen, wann immer du sie brauchst und für jede Situation.

Die Kraft der goldenen Herzen

Vor deinem inneren Auge entsteht nun die Lichtsäule, die du schon kennst, stelle sie dir einfach vor oder erlaube dir, dass du sie spürst. Auf welche Weise du auch immer diese Lichtsäule wahrnimmst – stelle dich nun bitte hinein. Lasse dich von ihrem Licht durchströmen, spüre die Erleichterung, die Kraft und die Wärme, die hier fließen. Die Lichtsäule ist außen wunderbar golden, nach innen wird sie immer heller und weißer. Stelle dich bitte in den Bereich, der sich für dich genau jetzt sehr gut anfühlt. Vielleicht möchtest du dich zunächst ein wenig in dem goldenen Teil aufhalten und später weiter nach innen gehen, aber vielleicht tut dir das

weiße Licht auch jetzt schon gut. Du kannst auch einfach im Gold bleiben, mache es bitte so, wie es für dich richtig ist. Erlaube nun, dass alles Schwere in dir wie Rauch nach oben aufsteigt, es löst sich einfach aus dir heraus, du brauchst nichts zu tun, es geschieht von ganz allein. Mehr und mehr durchströmt dich nun das Licht. Je mehr Schwere aufsteigt, desto mehr Raum entsteht in dir für Licht.
Nun erscheinen die Engel der Liebe und der Heilung und schweben in die Lichtsäule hinein. Vielleicht spürst du sie als Wärme oder als Kribbeln, vielleicht kannst du sie auch innerlich sehen. Wenn nicht, dann geh bitte dennoch davon aus, dass sie da sind. Sie beginnen, kleine goldene Herzen in die Lichtsäule zu streuen, wunderschön funkelnde kleine Herzen, die Heilkraft und sehr viel Liebe enthalten. Wie in einer Schneekugel rieseln die Herzen nun auf dich herab – und in dich hinein. Die Herzen rieseln in all deine Zellen, in jede einzelne, jede Zelle bekommt ein eigenes kleines goldenes Herz. Ganz besonders strömen die Herzen in die Bereiche deines Körpers, die du nicht so magst oder die dir noch fremd sind. Die Zellen, in denen die Herzen angekommen sind, beginnen von innen heraus zu leuchten und zu strahlen, der Stoffwechsel wird angeregt und dein Körper fühlt sich freier und lebendiger, freudiger und gesünder. Immer mehr Herzen strömen auf dich herab und in dich hinein und du nimmst sie gern in dich auf. Du kannst dir selbst vielleicht keine Liebe geben,

aber du kannst sie nehmen und genau das tust du bitte von nun an. Irgendwann bist du ganz und gar angefüllt mit Herzen, jede Zelle strahlt von innen heraus und du fühlst dich voller Liebe und Schönheit.
Vielleicht kannst du nun ein wenig weiter in die Lichtsäule hineintreten, noch mehr Licht aufnehmen und durch dich hindurchströmen lassen, vielleicht ist das Gold aber auch genau richtig für dich.
Bitte erinnere dich von nun an daran, dich jeden Tag mit kleinen Herzen anfüllen zu lassen. Die Liebe, die du brauchst, ist im Übermaß vorhanden, du brauchst sie nur zu nehmen.

Nun komme bitte langsam und in deiner Zeit mit deiner Aufmerksamkeit zurück, nimm den Raum wahr, in dem du dich befindest und öffne deine Augen. Du kannst diese Meditation auch gerne mehrmals täglich, ganz schnell zwischendurch, durchführen.

Übung:

Wenn du dich traust, dann male dir kleine Herzen auf all die Körperstellen, die du nicht so magst. Du kannst dazu einen Kajal- oder Lippenkonturenstift benutzen, die gehen leicht wieder ab und kosten nicht viel.
Du kannst dir auch kleine Badeperlen in Form von Herzen kaufen oder schenken lassen, und ganz

bewusst in diesem „Wasser der Liebe“ baden. Das klingt kitschig, aber weißt du, es ist tatsächlich diese Liebe, die fehlt, wenn wir uns so schlecht fühlen. Wenn du dich in goldene Herzen einkuschelst und darin badest, wirst du vielleicht erstaunt sein, wie gut sich das anfühlen kann. Wir sind liebevolle, lichtvolle Wesen, auch wenn das nicht immer den Eindruck macht. Gerade deshalb, eben weil wir nach außen hin so unglaublich distanziert, cool, gelangweilt oder überheblich wirken, brauchen wir erst recht die Kraft der Liebe, um gesund und innerlich stabil zu bleiben. Glaube mir, egal, wie jemand nach außen hin wirkt – auch er hat eine Seele, ein Herz und auch er braucht Wärme und Geborgenheit. Du brauchst ja nicht darüber zu reden, aber versuche es doch mal ganz still und leise, nur für dich.

Die nächste Meditation ist ziemlich lang und sehr spirituell. Probiere sie einfach aus, ich hoffe, sie dient dir.

Meditation: Die Farben deiner Seele

Mache es dir bitte bequem, schließe deine Augen und erlaube dir zu träumen. Du entspannst dich ein bisschen, wie du es gelernt hast oder atmest einfach ein paar Mal tief durch. Stelle dir ein wunderschönes Licht vor, das auf dich herabscheint und dich wärmt, durchflutet und mit Kraft erfüllt.

Bestimmt fühlt es sich gut an, einfach mal nichts zu tun. Du brauchst jetzt niemandem zu gefallen, es gibt nichts zu tun, als dich auszuruhen und deinen inneren Bildern, Vorstellungen und Gefühlen zu folgen. Vor deinem inneren Auge entsteht nun eine Art Leitstrahl, wie du es vielleicht aus Filmen kennst. Ein Lichtstrahl, der dich, wenn du das willst, in deine geistige Heimat führen kann. Er ist sehr kraftvoll und hell und du fühlst dich wie magisch von ihm angezogen. Selbst wenn du noch ein wenig unsicher sein magst, so spürst du doch, dass du unbedingt erleben willst, wie es ist, endlich wieder zu Hause zu sein. Und auch, wenn du dieses Gefühl nicht hast, so spürst du doch Neugier und Vorfreude. So stellst du dich jetzt – jetzt gleich – in diesen Leitstrahl hinein und augenblicklich durchströmt dich eine so klare und befreiende Energie, dass du das Gefühl hast, bereits jetzt zu Hause angekommen zu sein. Das Licht durchflutet dich und macht dich leicht und ganz frei. So frei, dass du auf einmal zu schweben beginnst. Der Lichtstrahl zieht dich von der Erde weg und du fühlst dich vollkommen sicher und getragen. Und jetzt geht die Reise los: Du wirst durch den Lichtstrahl hindurchgezogen, immer weiter in das Licht hinein und du fühlst dich so wohl und glücklich wie vielleicht schon sehr lange nicht mehr. Dein Herz und deine Seele weiten sich und du fühlst dich immer freier – und auf einmal spürst du, dass du angekommen bist. Du weißt vielleicht noch nicht, an welchem Ort, aber du spürst, etwas ist anders, und

das fühlt sich zutiefst vertraut an, so, als würdest du es sehr, sehr gut kennen.
Der Leitstrahl wird nun ganz ruhig und du kannst ihn verlassen – und jetzt schau dich um. Wo bist du? Wie fühlst du dich? Die Wesen dieses Planeten, dieser Sonne oder einfach dieser Dimension begrüßen dich und sagen dir, dass sie dich sehr vermisst haben und glücklich sind, dass du wieder da bist. Eines dieser Wesen tritt nun auf dich zu, umarmt dich, wenn du das erlaubst, und sagt dir: „Der Weg auf der Erde war anstrengend und hart für dich, jetzt wird es Zeit, dich auszuruhen und neue Kraft zu tanken. Und dann bekommst du ein Geschenk, etwas, das du vergessen hast, als du zur Erde gekommen bist."
Du wunderst dich vielleicht, aber wenn du ganz genau in dich hinein schaust, dann stimmt es – du hast tatsächlich öfter das Gefühl, als würde dir etwas fehlen, als hättest du etwas Wichtiges und sehr Wertvolles auf dem Weg zur Erde verloren oder es einfach gar nicht mitgenommen …
Das Wesen führt dich in einen wunderschönen Raum. Er ist genau so, wie du ihn selbst einrichten würdest – alles ist, wie du es haben willst. Und jetzt umhüllt es dich mit Licht in genau der Farbe, die deiner Heimat entspricht. Das kann ein sehr helles, kristallines Licht sein, das sich beinahe flüssig anfühlt. Vielleicht sind es die Farben des Regenbogens, die dich auf einmal umhüllen oder ein wunderschön violett-blaues Licht – oder auch ein ganz anderes. Schau einfach, mit welchem Licht das

Wesen dich umhüllt. Du entspannst dich mehr und mehr in diesem Licht und erlaubst, dass es in deinen ganzen Körper hineinfließt. Vielleicht nimmst du dich selbst auch eher als Licht wahr, dann lasse das Licht in dich hineinfließen. Es fühlt sich wunderbar an, sehr weit und frei, sehr entspannend und ganz und gar leicht. Auf einmal weißt du: Ja, hier gehörst du dazu, hier fühlst du dich wohl, das sind Wesen, die genauso sind wie du. Du schaust dich um, während das Licht in dich einfließt und erkennst mehr und mehr die Besonderheiten dieses Planeten oder dieser Dimension. Wie ist es hier? Was ist anders als auf der Erde, was gefällt dir besser? Was ist das Besondere, das, was dich selbst auch ausmacht? Was ist es, das dich hier so zu Hause fühlen lässt? Ob du das alles weißt oder nicht, ist vollkommen gleichgültig. Nimm nur diese Fragen in dich auf, dein Geist wird sie dir auf seine Weise beantworten. Erlaube dir mehr und mehr, dich selbst zu spüren, das, was du – jenseits vom Menschsein – in Wahrheit bist. Erlaube dir, die Farben deiner Seele in dich aufzunehmen und zu erleben. Egal, wie du dich auf der Erde fühlst – hier oben bist du sicher, geborgen und du wirst unendlich geliebt. Hier ist dein seelisches Zuhause. Und nun, wenn du ganz und gar mit dem Licht deiner Heimat erfüllt bist, kommt das Wesen erneut auf dich zu und gibt dir ein wunderschönes Herz. Es ist vielleicht aus Licht, vielleicht auch aus einem wundervoll glitzernden Material, vielleicht auch ganz anders – so, wie es für dich richtig ist.

Überlege es dir bitte nicht, sondern schau einfach, was das Wesen dir gibt. Es kann anders sein, als du es erwartest, aber es ist genau das, was deine Seele dir geben will.

Das Wesen trägt das Herz sehr achtsam und setzt es dir mitten in die Brust, in dein Herzzentrum. Und jetzt spürst du: Ja, hier hat etwas gefehlt, du hast dich nicht genügend geliebt gefühlt. Es ist, als hättest du deine Heimat verlassen und vergessen, wie sehr du geliebt wirst.

„Das Herz hat genau die Frequenz, die Farben, die Schwingung deiner Heimat und ich bitte dich, nimm es mit zur Erde", sagt das Wesen, „damit du nie wieder vergisst, wo du zu Hause bist und wie sehr wir dich alle lieben."

Du spürst, das Herz erfüllt dich, und seine Wellen der Liebe breiten sich in deinem ganzen Körper aus.

Nun spüre bitte in dich hinein – willst du zur Erde zurückkehren? Es kann sein, dass es in dir eine Stimme gibt, die „Nein" dazu sagt. Dann erlaube, dass nun alle Teile deiner Seele, die gerne hierbleiben wollen, deinen Körper verlassen und hier, im Reich deiner Seele bleiben. Du hast sehr viel mehr Energie, als du vielleicht weißt, es macht nichts, wenn einige Anteile nicht mehr mit zur Erde zurückkehren. Es kann sein, dass du nun spürst, wie tatsächlich etwas deinen Körper verlässt. Das sind die Seelenanteile, die lieber zu Hause bleiben würden, wie kleine Kinder, die lieber daheimbleiben. Das ist vollkommen in Ordnung so. Denn nun spürst du

auf einmal, wie andere Farben und Kräfte in dich einströmen, du spürst, wie du dich mehr und mehr für die Anteile deiner Seele öffnest, die tatsächlich Lust haben, auf der Erde zu sein und dort ihre Kraft in die Tat umzusetzen. Du fühlst, wie Kraft in dich einfließt, du erlaubst, dass all die Anteile, für die es nun Zeit ist, zur Erde zu kommen, weil sie dort wichtige und schöne Aufgaben zu erfüllen haben, in dich einfließen. Vielleicht hast du erst mal geschaut, wie es überhaupt so ist auf der Erde und holst nun die Anteile ab, die eine Aufgabe haben, die Kraft und Lust haben, auf der Erde etwas zu bewirken. Irgendwann spürst du, dass dein Körper nun von dieser neuen Kraft erfüllt ist und jetzt fällt es dir sehr leicht, zur Erde zurückzukehren. Der Leitstrahl führt dich ganz sanft wieder zurück in das Energiefeld der Erde. Das Herz ist bei dir und du fühlst dich stark und zuversichtlich, hast neuen Mut geschöpft, mit beiden Füßen auf der Erde anzukommen und dort deine Kraft und dein Licht leuchten zu lassen.
Willkommen auf der Erde, du liebe Seele, wir sind sehr glücklich, dass du da bist und du wirst gebraucht. Wir freuen uns auf alles, was durch dich auf die Erde kommen will.
Danke für deinen Mut.

Für andere da sein

Für alle, die sich gerne, aber manchmal auch zu viel kümmern. Für alle, die die Lasten ihrer Eltern oder anderer Personen zu tragen versuchen oder sich in schwierigen Familienverhältnissen befinden und dort die Lasten der anderen mit übernehmen. Und für alle, die Weltschmerz mit sich herumtragen.

Sicher bist du gern für andere da, hilfst, wo du nur kannst – weißt aber oft nicht, auf welche Weise du das tun sollst, richtig? Gerade wenn es um Menschen geht, die dir nahe stehen, wie deine Eltern, Geschwister oder deine Großeltern, magst du dich vielleicht ein bisschen ratlos fühlen, wenn du ihnen nicht helfen kannst. Wir alle tragen oft schwer an unserer Last und es drängt uns, andere zu unterstützen, wenn wir ihre Mühe sehen. Wir versuchen möglicherweise gar, ihnen die Lasten abzunehmen und sie an ihrer statt zu tragen. Vielleicht glaubst du gar, du wärst für die Lasten der anderen verantwortlich, aber das bist du nicht. Jeder Mensch hat die Verantwortung für sein eigenes Leben zu tragen und es gibt fast immer einen Weg, die Dinge zu ändern. Du kannst nichts tun, wenn sich jemand nicht helfen lassen möchte. Und manchmal sieht etwas von außen ja auch ganz anders aus, als es in Wahrheit ist. So genau können wir gar nicht wissen, was der andere braucht, deshalb können wir es ihm auch nicht geben. Wenn dich eine Freundin fragt, ob du ihr zuhören kannst, dann tust du das natürlich, wenn du Zeit dafür hast und du das möchtest. Wenn aber deine Eltern, Großeltern oder auch Geschwister Probleme haben, die du nicht lösen kannst, dann nutzt es nicht viel zu versuchen, sie zu übernehmen oder sich deshalb schlecht zu fühlen. Selbstverständlich aber wollen wir etwas für das Wohlbefinden unserer Lieben tun. Die Frage lautet also: Wie können wir für andere da sein, ohne uns ihre Lasten aufzubürden? Denn das hilft niemandem, und außerdem glaubt sonst wieder ein anderer, er müsse sich nun um *dich* kümmern und *dir* diese Lasten abnehmen. Es muss etwas Besseres geben, als die Verantwortung hin und her zu schieben – und das gibt es auch. Hier stelle ich dir die Wesen vor, die du immer und jederzeit bitten darfst, für den anderen da zu sein. Ich zeige dir, wie du ihm helfen kannst, seine Lasten loszulassen, ohne dass du sie für ihn tragen musst. Das nutzt nämlich wirklich nichts, es hilft dem anderen leider kein Stück. So lass dich auf eine Reise ein, in der du Wesen kennenlernst, die nur darauf warten, von dir in Anspruch genommen zu werden: die Schutzengel.

Meditation: Die Lasten zurückgeben

Mache es dir bitte bequem, schließe deine Augen und erlaube dir, einmal ganz deutlich und bewusst zu spüren, was du so alles mit dir herumschleppst. Das fühlt sich sicher nicht gut an, aber ich bitte dich, es dennoch zu tun, damit es dir klar wird. Atme also ein paar Mal tief durch und erlaube deinem Körper, deinen Gefühlen und deinen Gedanken, dir zu zeigen, was sie so den ganzen Tag mit sich herumtragen müssen. Es kann sein, dass du nun körperliche Symptome bekommt, Kopfschmerzen oder einen Druck im Bauch. Vielleicht kannst du auf einmal nicht mehr richtig atmen oder du fühlst dich, als würdest du am liebsten losweinen. Das alles trägst du für andere. Du tust es aus Liebe und weil du hoffst, dass es andere dafür ein wenig leichter haben, und das ist wundervoll – danke für deinen Dienst. Es gibt aber eine bessere Art, mit den Schwierigkeiten anderer umzugehen. So stelle dir nun bitte eine Lichtsäule vor, die sich warm und wohlig anfühlt, eine Lichtsäule, die dir Geborgenheit gibt, dich wärmt, nährt und trägt. Stelle dich hinein und fühle die Erleichterung, wenn das Licht durch all deine Zellen fließt und dir die Lasten ein wenig abnimmt. Falls du weißt, für wenn du all diese Lasten mit dir herumträgst, bitte ich dich, diesen Menschen nun vor deinem geistigen Auge erscheinen zu lassen. Spüre noch einmal ganz deutlich, wie schwer sich diese Lasten anfühlen und vielleicht sogar, wo im Körper du sie aufbewahrst. Sieh diesen Menschen vor dir und spüre deine Liebe zu ihm, auch deine Hilflosigkeit über das, was er durchmachen muss. Vielleicht spürst du gar keine Liebe, sondern Ärger und Abwehr. Das macht nichts. Hättest du nicht ganz viel Mitgefühl mit ihm, würdest du diese Lasten ja gar nicht für ihn tragen. Und nun, wenn der Mensch vor dir steht, bitte seinen Schutzengel mit hinzu.

Egal, ob du an Schutzengel glaubst oder nicht, tu bitte einfach mal so, als gäbe es einen. Schau ihn dir genau an, wenn dir das möglich ist, und sage ihm bitte Folgendes:

„Ich trage die Lasten von … (für wen du sie eben trägst), und ich tue es gern und mit Liebe. Aber jetzt gebe ich sie dir, damit du sie in Leichtigkeit und Liebe verwandelst."

Du verstehst, dass du sie natürlich nicht an die betroffene Person zurückgibst, denn dann würde sie diese ja wieder mit sich herumschleppen müssen und wir wären kein Stück weitergekommen. Wenn du sie aber dem Schutzengel der betreffenden Person gibst, dann kann dieser dafür sorgen, dass die Last verschwindet oder dass sie sich so ändert, wie es eben für den anderen wichtig und sinnvoll ist. Wahrscheinlich muss der, für den du das Schwere trägst, etwas lernen und *braucht* diese Lasten, um das zu verstehen. Wenn du sie dem Schutzengel gibst, dann wird er die Schwere genau so, wie es für den Menschen sinnvoll und hilfreich ist, auflösen oder noch ein wenig wirken lassen, bis der Mensch gelernt hat, was er lernen wollte.
Probiere das bitte mit jeder Last, die du für andere trägst, besonders mit all dem Schmerz, den du für die Welt und für die Tiere trägst. Bitte all die Schutzengel der Menschen, der Tiere und am besten die Engel der Erde selbst, diese Lasten von dir zu nehmen und sie in Liebe und Leichtigkeit

zu verwandeln, besser noch in Bewusstsein und Erkenntnis. Damit leistest du einen riesig großen Beitrag für das gesamte Bewusstsein der Menschheit und du kannst es jederzeit und immer anwenden. Vergiss diese Übung bitte nicht, du kannst sie dein ganzes Leben lang immer wieder brauchen, im Großen wie im Kleinen, immer dann, wenn du Leid siehst. Bitte sofort den Schutzengel der anderen Person, des Landes oder der Tiere, dieses Leid zu verwandeln und in die Hände Gottes zu legen. Schicke Segen hinterher, einfach, indem du aus deinem Herzen heraus einen Lichtstrahl hinschickst. Mehr brauchst du nicht zu tun. Falls es in der Realität etwas Konkretes zu erledigen gibt, falls du wirklich konkret und aktiv helfen kannst, dann wirst du es spüren. Die geistige Hilfe, die du gibst, ist ein riesig großer Schatz, und nur, weil du vielleicht das Gefühl hast, du würdest doch gar nichts tun, so lässt du doch Liebe und Licht in den anderen einfließen. Von da aus kann er selbst weitergehen und wird wachsen und freier werden.
Ich danke dir aus ganzem Herzen für deinen Dienst, du weißt wahrscheinlich gar nicht, wie wertvoll er ist.

Übung:

Nimm dir einen richtig schweren Gegenstand, stelle dich in die Mitte eines Raumes, in dem du dich sicher fühlst, und hebe diesen Gegenstand hoch.

Halte ihn so lange du kannst und schick all die Schwere, die du für andere trägst, hinein. Stelle dir einfach vor, dass alle Energie, die nicht zu dir gehört und die dich schwer und traurig sein lässt, in diesen Stein oder was immer du trägst, hineinströmt. Du spürst vielleicht, wie er immer schwerer wird – und nun stelle dir bitte vor, dass die Schutzengel der Personen, für die du all die Last trägst, vor dir stehen. Wenn du magst, kannst du sogar eine Engelfigur nutzen und dir gegenüber aufstellen. Spüre bitte noch einmal in dich hinein, ob du wirklich noch bereit bist, diese Schwere mit dir herumzuschleppen, und wenn nicht, dann lege sie in aller Achtsamkeit oder auch wütend, so, wie du dich eben fühlst, vor den Engel. Sage ihm, dass du es gern getragen hast, wenn das stimmt (sonst sage einfach nichts), dass es jetzt aber genug ist und dass er bitte andere Lösungen finden soll. Dann lässt du den Gegenstand los und fühlst die Befreiung.

Wenn du den Gegenstand wieder reinigen möchtest, damit all die Schwere aus ihm herausströmt und aufgelöst wird, dann stelle dir ein Licht vor, eine Lichtsäule, und lege ihn hinein. Alles, was schwer ist, fließt nun aus ihm heraus in den Kosmos und wird dort in Licht und Bewusstsein verwandelt.
Diese Übung kannst du natürlich immer wieder machen, denn höchstwahrscheinlich wird es noch oft so sein, dass du Schwere und Trauer von anderen auf dich nimmst. Gib sie einfach regelmäßig zurück, du weißt ja jetzt, an wen.

Geburtstagsmeditation

Zum Geburtstag

Wie schön, dass du dir an diesem so besonderen Tag die Zeit nimmst, diese Meditation zu machen, quasi als Geschenk an dich selbst. Vielleicht hast du gerade heute sehr viel zu tun, hast Gäste, kümmerst dich um deine Party, deine Klamotten, Musik – gut, dass du dir dennoch ein bisschen Zeit nehmen magst, um dich selbst zu fühlen, und deine Entscheidung, zur Erde zu kommen, feiern willst.

Ganz herzlichen Glückwunsch auch von mir, es ist mutig und wundervoll, dass du auf die Erde gekommen bist. Du bist mehr als willkommen, wir brauchen dich.

Diese Meditation ist eine Art Botschaft aus höheren Reichen, aus der Engelwelt, falls du an so etwas glaubst. Wenn nicht, lass dich einfach berühren und schau, was in dir geschieht, wenn du zuhörst, ja? Nimm es als Märchen oder als Fantasiereise, die dir ein gutes Gefühl geben will.
Du erinnerst dich an die Meditation mit deinem Seelenstrahl? Als du zur Erde kamst, schickte deine Seele ein Kraftfeld, ähnlich einem Sonnenstrahl, zur Erde, in dem all die Kraft gespeichert ist, die du für deine Aufgaben hier auf Erden brauchst. An deinem Geburtstag kannst

du diesen Seelenstrahl bewusster erleben als sonst und kannst neu entscheiden, ob du hier sein willst und welche Anteile lieber wieder zurückkehren möchten. So folge den inneren Bildern und lasse dich fallen, als diese ganz persönliche Geburtstagsfeier.
Bitte eine Person deines besonderen Vertrauens, dir diese Meditation vorzulesen – oder, falls du dir das gut vorstellen kannst, sprich sie dir selbst auf ein Aufnahmegerät. Du kannst sie auch aufnehmen und weiterverschenken, beispielsweise an deine beste Freundin oder deine Mutter.

Meditation:
Die Hüter deines Geburtsstrahles

Wir, die Hüter deines Geburtsstrahles, sind bei dir und lassen deinen Geburtstern heute ganz besondern hell leuchten. Wir möchten dich einladen, die Kraft deine Seele zu spüren, dich daran zu erinnern, wozu du eigentlich auf die Erde gekommen bist und dein inneres Feuer zu nähren, zu stärken, und, wenn es nötig ist, zu erneuern.
Wir möchten dich an den Strahl deiner Kraft, deiner Liebe und deiner Lebendigkeit anschließen und dir gleichzeitig die Gelegenheit geben, einige Energien zurück ins Licht zu schicken – und zwar besonders die Anteile, die lange genug auf Erden waren oder die du für andere trägst und die nun zurückkehren möchten ins unermessliche feinstoffliche Reich des Lichtes.

So mache es dir bitte bequem, stelle dir vor, du liegst auf einer Liege voller Blütenblätter, die wundervoll duften und dich mit Leichtigkeit und Sanftheit erfüllen. Atme ein paar Mal ruhig und gleichmäßig durch und bedanke dich bei dir selbst dafür, dass du dir diese Zeit für dich nimmst. Es ist wunderbar, dass du auf der Erde bist, selbst wenn du es manchmal anders empfinden solltest, und wir möchten dich heute mit dir selbst verbinden, damit du deine Kraft wieder spüren kannst.
So entspanne dich mehr und mehr, lass immer mehr los, sinke hinein in die Weichheit der Blütenblätter.

An diesem besonderen Tag leuchtet dein Seelenstrahl ganz besonders hell. Wir, die Schutzengel dieses Seelenstrahles, öffnen dir heute einen heiligen Raum, in dem du diese Kraft auf ganz besondere Weise erfahren kannst, deutlicher, als du das sonst als Mensch gewohnt bist.
Wir streuen dir Rosenblüten auf den Weg und erinnern dich daran, wozu du auf die Erde gekommen bist, was deine ursprüngliche Absicht war. Erlaube uns, dir heute ganz besonders viel Freude und Licht zu schenken. Jetzt, in diesem Moment, verstärken wir den Strahl und ermöglichen dir einen besonders intensiven und leichten Zugang zur unermesslichen Lebendigkeit und Freude deiner Seele.
Ob du dich daran erinnerst oder nicht – du hattest eine Absicht, als du zur Erde kamst. In dir brennt ein Feuer der Liebe, der Begeisterung, der reinen

Freude am Leben. Heute, an deinem Geburtstag, ist ein besonders guter Zeitpunkt, dieses Feuer deutlicher zu spüren oder auch neu zu entfachen, falls es dir auf dem langen Weg auf der Erde abhanden gekommen sein sollte oder nicht mehr so deutlich spürbar ist. So mache dich bereit, dieses Feuer, die Kraft und Energie deines eigenen Seins ganz neu zu erfahren.
Wir öffnen und halten dir den Raum und bitten dich, uns den Zugang zu dir zu erleichtern, indem du deine Vorstellungskraft nutzt.
So stelle dir bitte deine Seele vor, ein Kraftfeld voller Farben, Tönen, voller vibrierender Lebensfreude und Liebe. Ein Strahl reicht von diesem Kraftfeld aus durch alle Dimensionen hindurch zur Erde und in deinen Körper hinein. Durch diesen Strahl strömen unablässig Licht und Liebe, aber auch all deine Wünsche, Träume, Pläne, alles, was dich ausmacht und was du brauchst, um dieses Leben auf der Erde in Erfüllung und Übereinstimmung mit deinem Seelenplan zu leben, zu dir herunter.
Schau dir diesen Strahl bitte an. Wie fühlt er sich an? Ist er kraftvoll, stark, fühlst du dich gut gehalten und genährt? Wo im Körper spürst du ihn, wo ist er verankert?

Im Kopf, im Bauch, im Herz? In der Wirbelsäule? Vielleicht durchströmt er dich wie ein Kanal aus Licht, vielleicht füllt er deinen ganzen Körper aus. Alles ist richtig, spüre nur, wo er angebunden ist. Bitte darum, ihn einmal ganz deutlich und in all

seiner Kraft und Schönheit wahrnehmen zu dürfen. Durch diese Bitte öffnest du dich noch ein Stück mehr und wirst bereit, den Strahl zu fühlen. Wir verstärken ihn jetzt, in diesem Moment, spürst du das? Vielleicht klopft das Herz ein wenig schneller, es wird warm oder dein Körper kribbelt – du spürst die Energie deutlicher und ganz bewusst.
Durch diesen Strahl bist du mit deiner Seele verbunden, hier ist deine spirituelle Nabelschnur, von hier aus nährt dich das multidimensionale Feld deiner eigenen Energie.
Wenn du es erlaubst, dann verstärken wir diesen Strahl noch ein bisschen mehr, öffnen deinen Kanal dafür weiter und weiter ...
Es kann sein, dass du dich oft allein gefühlt oder den Eindruck hattest, du wärst nicht angebunden, völlig auf dich selbst gestellt müsstest alles aus eigener Kraft schaffen.
Vielleicht fühlst du dich, als würde dich nur ein ganz kleiner Strahl mit deiner seelischen Heimat, mit dem Stern, von dem du ursprünglich kamst, verbinden und vielleicht fragst du dich, wozu du dich überhaupt entschieden hast, auf die Erde zu kommen. Diese seltsame Traurigkeit, die du an deinem Geburtstag vielleicht spürst, ist möglicherweise Heimweh.

Und jetzt, da du verbunden bist mit dem schöpferischen Kraftfeld deiner Seele, jetzt bitte darum, deine Sternenheimat zu erfahren, dich selbst als Sternenwesen zu erleben, das voller Liebe und

Lichtkraft ist und dir unablässig Energie zufließen lässt, so viel, wie du es auf der menschliche Ebene erlaubst. Und jetzt spürst du vielleicht schon einen inneren Wandel: Du *bist* das Sternenwesen und dein menschliches Selbst ist das Werkzeug, das sich für mehr und mehr Licht öffnen darf, kann und sollte. Immer, wenn etwas schwer ist in deinem Leben, deutet das darauf hin, dass diesbezüglich eine Aufgabe vorliegt, dich in genau diesem Bereich für mehr Licht zu öffnen. Immer, wenn dir das Sternenwesen, das du bist, mehr Licht und Energie in einen bestimmten Bereich deines Lebens schicken will, spürst du die Enge im menschlichen Sein – verschließt du dich nun, können wir nicht wirken! Jede Enge ist ein Auftrag, ein Hinweis, dich genau hier mehr und mehr zu öffnen, damit sich mehr und mehr des Sternenwesens, das du bist, mit all seiner Liebe und Lichtkraft auf der Erde zeigen und ausdrücken kann. Es will dich letztlich nur neue Tanzschritte lehren, damit du den Tanz der Liebe freier und fließender tanzen kannst!

Bleib im Bewusstsein des Sternenwesens und nimm nun das menschliche Selbst liebevoll und voller Mitgefühl in die Arme. Sage ihm, dass es wie ein Gefäß für Licht und Liebe ist, und je bereitwilliger es sich für dich öffnet, desto leichter und einfacher verändern sich die Dinge auch im Außen.

Wir lieben dich unermesslich, achten, ehren und lieben dich mehr, als du dir vorstellen kannst, für deine Bereitschaft als Werkzeug des Lichtes zu dienen. Mögen unermessliche Fülle, Liebe und Freude durch dich auf die Erde strömen und mögest du dich leicht und einfach dafür öffnen.

Deine Gesundheit

Für alle, die krank sind, mehr Energie brauchen oder lernen wollen, sich selbst mit Kraft zu erfüllen. Die zweite Meditation dient der Unterstützung der Hirnreifung.

Kannst du dir vorstellen, dass du eine Art inneren Heiler in dir trägst? Zumindest weißt du über dein Immunsystem Bescheid, und es ist erwiesen, dass die Abwehrzellen auf geistige Botschaften reagieren. Wenn du einen angenehmen, Mut machenden Text liest, dann produziert dein Lymphsystem deutlich mehr weiße Blutkörperchen, die zur Abwehr von Bakterien und Viren dienen, als sonst. Die Zahl der weißen Blutkörperchen nimmt dagegen drastisch ab, wenn du dich mit schmerzhaften, Angst einflössenden Themen beschäftigst. Wenn du gut in Biologie bist, weißt du das viel besser, als ich es dir hier in ein paar Worten erklären könnte. Falls nicht, dann ist es sicher sinnvoll zu wissen, dass du selbst deine Immunabwehr bewusst stärken kannst, indem du sie geistig unterstützt. Die nächste Meditation will dir ein Werkzeug in die Hand geben, das du immer nutzen kannst, wenn du dich müde und schlapp fühlst. Besonders hilfreich ist es, wenn du tatsächlich krank bist, dann wünsche ich dir hiermit gute Besserung, ruh dich aus und lass dich gut versorgen – von anderen, aber auch von dir selbst, wenn dir das möglich ist.

Die zweite Meditation will dir helfen, alle Teile des Gehirnes, die für deinen Weg wichtig sind, bewusst zu aktivieren, damit du dich selbst beim Lernen und Bewusstwerden unterstützen kannst. Der Prozess der Hirnreifung hört nie auf. Immer, wenn du etwas lernst oder neue Erkenntnisse hast, verschalten sich neue Gehirnteile und Neuronen miteinander. So ist es in jedem Alter hilfreich, etwas für die Funktionsfähigkeit seines Gehirns zu tun.

Meditation: Die goldene Kugel

Diese Meditation finden Sie so ähnlich im Buch »Traumreisen«, Darmstadt 2005. Weil dieses Buch aber speziell für Jugendliche geschrieben ist, nutze ich andere Aspekte und teilweise eine andere Sprache.

> Entspanne dich, atme tief durch, mache es dir bequem und schließe deine Augen. Stelle dir bitte vor, in deiner Hand liegt eine goldene Lichtkugel. Sie leuchtet und strahlt mehr als alles, was du bisher gesehen hast. Gleich spürst du, wie warm und angenehm sich das anfühlt. Jetzt beginnt auch deine Hand, golden zu leuchten.
> Diese goldene Kugel hat magische Kräfte, sie versorgt dich mit Kraft, Lebenswillen, Gesundheit und Stärke. Sie ist wie ein innerer Wächter, der alle

Angriffszellen, seien es Bakterien oder Viren, sogar Krebszellen, zur Ordnung rufen kann. Wenn du willst und es sich für dich sicherer anfühlt, dann bitte deinen Schutzengel, diese goldene Kugel mit allem aufzuladen, was dein Körper jetzt braucht, um gesund zu werden. Wenn die Kugel so richtig warm und golden leuchtet, dann stelle dir bitte vor, dass sie in deinen Körper hineinrollt, durch den Solarplexus im Magenbereich oder durch das Herz.
Jetzt befindet sich der goldene Lichtball in deinem Körper. Er füllt nun den Magen aus, vielleicht spürst du schon die Wärme. Wenn dein Magen ganz warm und golden ist, rollt der Ball weiter. Er rollt in deine Brust, in deinen Hals und in deine Arme. Du fühlst den Ball in jedem deiner Körperteile, auch im Kopf, am Rücken und in den Händen.
Dann rollt er weiter den Bauch hinunter in die Beine und Füße. Überall wird dein Körper so leicht, warm und golden, wie das heute möglich ist. Der Ball gibt dir überall neue Kraft und Energie. Jetzt lässt du den Ball dahin rollen, wo du Schmerzen hast oder dich nicht wohlfühlst.
Gleich fängt die goldene Kraft an, den schmerzenden Körperteil zu heilen und zu beruhigen. Er wird wärmer oder kühler, je nachdem, was dir angenehmer ist. Das goldene Licht beruhigt die Nervenbahnen und legt sich wie eine schützende Hülle um deine Zellen.
Dein Körper wird heller und leichter, die Farben verändern sich und du spürst, wie neue Lebenskraft in dich einfließt. Der Ball strahlt mit voller

Kraft in alle Zellen hinein und gibt ihnen, was sie brauchen. Das ist sehr angenehm. Du spürst, wie du dich noch mehr entspannst und immer ruhiger wirst. Vielleicht wirst du müde, vielleicht aber auch ein bisschen wacher – je nachdem, was für dich gerade besser ist.

Nun bitte den Ball, zu der Körperstelle zu rollen, die seine Kraft am meisten braucht, auch wenn du es selbst nicht genau weißt. Er strömt jetzt in den Körperteil, in dem du am meisten Heilung und Lebenswillen benötigst.

Kannst du spüren, wo das ist? Erlaube deinem Körper, den Ball zu rufen und denke nicht darüber nach, ob der Ball auch an die richtige Stelle rollt. Dein Körper weiß vielleicht besser als dein Verstand, was er braucht, denn um ihn geht es ja. Irgendwann ist dein ganzer Körper golden und warm. Jetzt kannst du den goldenen Ball entweder wieder loslassen oder im Körper behalten, je nachdem, was dir lieber ist. Wann immer du dich nicht gut fühlst, kannst du ihn bitten, in dich hineinzuströmen. Der Ball hat jedes Mal genau die Kraft und Energie, die du brauchst, selbst wenn du einmal nicht genau spürst, was das sein könnte.

Meditation: Dein Gehirn verschalten

Wie immer machst du es dir bitte bequem, schließt deine Augen und beginnst, ein bisschen zu träu-

men, stellst dir bewusst innere Bilder vor und lässt dich von ihnen führen.
Stelle dir nun bitte dein Gehirn vor, ähnlich wie eine Landkarte, vielleicht gar wie die gesamte Erde. Es ist nicht wichtig, dass du genau weißt, wo die einzelnen Länder und Kontinente sind, nimm diese Landkarte nur als Bild. Du erkennst, dass es in einigen Bereichen sehr viel Aktivitäten gibt, hier ist viel Bewegung, Licht, hier gibt es gut ausgebaute Straßen, das Land ist bewohnt und voller Energie. Und es gibt andere Bereiche, in denen ist es dunkel, du erkennst sie kaum, sie scheinen nicht bewohnt zu ein und keine Verbindung mit anderen Ländern zu haben. Du kennst diese Länder womöglich selbst nicht, weißt nicht, welche Schätze hier verborgen liegen, welche Möglichkeiten du hier findest. Aber irgendwie spürst du, es ist wichtig, es herauszufinden. Vielleicht erkennst du auch, dass in einigen Bereichen viel Verwirrung herrscht, Bürgerkrieg, vielleicht führen zwei Länder gegeneinander Krieg oder sie sind einfach überbevölkert. Schau dir bitte deine innere Landkarte oder den Globus ganz genau an und nimm dir Zeit dazu. Je länger du dir dieses Treiben anschaust, umso mehr spürst du vielleicht, wie wichtig es ist, die Herrschaft zu übernehmen und Königin oder König dieser Welt zu werden – denn es ist nun mal deine eigene.
Nun stelle dir bitte vor, du selbst bist die Sonne, die auf diese Erde scheint. Du erfüllst die gesamte Erde mit deinem Licht, nach und nach, aber dieses Licht ist ein ganz besonderes: es bringt alles ins Gleich-

gewicht. Da, wo Dunkelheit herrscht, erwacht das Land nun zum Leben, wo Kriege herrschen, kehrt Frieden ein, Verbindungen zwischen den Ländern entstehen, wo das sinnvoll ist. Überall, in jedem Land, beginnt das Leben zu fließen, auf eine wundervoll harmonische und gute Art und Weise, so, wie das in jedem Land sinnvoll und richtig ist. Es geschieht aber noch viel mehr, das Licht ist wie eine Art Leitstrahl und überall da, wo deine Erde überbevölkert ist, wo sich Kräfte aufhalten, die dem friedlichen und gesunden Leben der Erde nicht dienen, steigen diese Kräfte nun in dem Lichtstrahl auf und verglühen in der Sonne. Alles, was nicht stimmig ist, weil es deiner Reifung und Entfaltung deiner Fähigkeiten, deiner Seele, nicht dient, verlässt die Erde und steigt im Lichtstrahl auf, verglüht im All oder verwandelt sich zurück in reines Licht. Dein Lichtstrahl belebt die Erde nicht nur, sondern er reinigt sie auch, erfüllt sie mit genau der Kraft, die sie braucht, damit du gesund, glücklich und erfüllt leben kannst. Du brauchst nicht genau zu wissen, was diese Erde braucht, lass nur dein Licht, das Licht der Sonne, die du bist, auf die Erde fallen. Der Rest geschieht von alleine. Nun stelle dir bitte vor, im Inneren dieser Erde (die ja dein Gehirn darstellt) gäbe es ein großes, goldenes Herz. Schicke nun einen besonders hellen Lichtstrahl mitten in dieses Herz hinein. Es leuchtet auf und beginnt, die Erde von innen heraus zu erleuchten. Du schickst mit diesem Licht auch deine Wünsche, Träume, Sehnsüchte, alles, was du in deinem Le-

ben verwirklichen willst, in dieses Herz, indem du es dir vorstellst oder es einfach geschehen lässt. Vielleicht weißt du selbst gar nicht so genau, was du eigentlich verwirklichen willst. Lass es zu, dass die Sonne, also dein Bewusstsein, es weiß, selbst wenn du, der Mensch, der du bist, es nicht genau ausrücken kann. Die Sonne schickt also ihr Licht und ihre Strahlen zu Erde und in das Herz der Erde, programmiert die Erde mit ihrer eigenen Energie, damit all das, was aus der Sonne zur Erde strömt, hier wachsen und gedeihen kann.
Vielleicht spürst du einen Druck im Kopf, lass das zu.
Nun stelle dir bitte eine Brücke vor, die deine beiden Gehirnhälften miteinander verbindet. Diese Brücke ist vielleicht nur dünn oder noch gar nicht richtig zu Ende gebaut. Schicke das Licht aus der Sonne in diese Brücke hinein und lass sie stabil und groß werden, eine tragfähige Verbindung zwischen den Hälften deines Gehirnes. Vielleicht siehst du, wie diese Brücke die Kontinente verbindet, vielleicht stellst du dir dein Gehirn nun wirklich wie zwei Hälften vor. Lass die Brücke so stabil und tragfähig werden, wie dir das nur möglich ist. Vielleicht magst du dir vorstellen, dass ein dickes Glasfaserkabel als Verbindung dient, durch welches das Licht ganz schnell und ungehindert strömen kann, vielleicht magst du lieber eine stabile Brücke bauen – so, wie es dir und deiner Energie entspricht.

Irgendwann spürst du, für heute ist es gut. Von nun

an kannst du, wann immer du magst, in diese inneren Bilder eintauchen und dein Licht auf die Erde scheinen lassen. Besonders wenn du etwas Neues lernst, wenn du Arbeiten schreiben musst oder eine Erkenntnis brauchst, ist es sehr hilfreich, Licht in die betreffenden Bereiche scheinen zu lassen. Frage einfach, wo Licht fehlt, indem du dir das Gehirn als Erde vorstellst und sende einen Lichtstrahl dorthin. Baue immer wieder neue Brücken, so, wie es dir sinnvoll erscheint. Der Lichtstrahl weiß schon, wo er gebraucht wird, erlaube ihm, so zur Erde zu fallen, wie er das von sich aus möchte und lass immer wieder alles aufsteigen, was dem Leben und der Liebe hinderlich ist.

Die Brücke

Diese Meditation können Sie immer dann nutzen, wenn Ihr Kind krank ist oder wenn eine Veränderung ansteht. Sie hilft, eine Brücke in ein neues Leben oder in eine neue Dimension zu schlagen, Altes hinter sich zu lassen und neue Wege zu gehen.

Aber sie dient auch dazu, dieses Leben hinter sich zu lassen. Wenn Ihr Kind krank ist, wenn Sie ihm Unterstützung beim Loslassen geben müssen, dann nutzen Sie diese Brücke. Es ist ein wundervoller, großartiger Dienst, den Sie leisten und ich hoffe sehr, Sie brauchen diese Meditation nur, weil Ihr Kind einen neuen Lebensabschnitt beginnt oder eine harmlose Krankheit hinter sich lassen will.
Falls Ihr Kind aber gehen muss, dann bitten Sie ganz ausdrücklich darum, dass der Schutzengel Ihres Kindes den Strahl in Ihrem Herzen so verstärkt, dass Sie für es da sein können. Bitten Sie Ihren eigenen Schutzengel, Sie zu halten und zu schützen, damit Sie den Prozess gemeinsam erleben können. Das nimmt nicht den abgrundtiefen Schmerz, natürlich nicht. Aber es erlaubt Ihnen, in Verbindung zu bleiben, jenseits von Worten, in einer geistigen Verbindung, die durch Raum und Zeit hindurch trägt.
Mein volles Mitgefühl ist bei Ihnen, ich biete Ihnen die-

se Meditation – auch wenn sie natürlich nur ein winzig kleiner Beitrag sein kann. Bitte suchen Sie sich Hilfe, wenn Sie diese so unermesslich schmerzhafte Erfahrung durchstehen müssen. Ich verneige mich vor Ihrem Schicksal und vor dem Schicksal Ihres Kindes.

Diese Meditation bietet außerdem die Möglichkeit, über die Brücke zu gehen, wenn Sie jemanden treffen wollen, der nicht mehr auf der Erde weilt. Bitten Sie denjenigen, mit dem Sie Kontakt aufnehmen möchten, Sie abzuholen, und sicher über die Brücke zu geleiten – und natürlich auch wieder zurück. Bitte seien Sie achtsam mit dieser Meditation, ich vertraue sie Ihnen an, weiß aber auch, dass sie einige Verantwortung braucht.
Der Vollständigkeit halber schreibe ich diese Meditation zweimal. Einmal, damit Sie Ihr altes Selbst zurücklassen und in einen neuen Lebensabschnitt wechseln können, wenn Sie das möchten und einmal, um Ihr Kind in die nächste Dimension zu begleiten. Die Meditationen mögen sehr ähnlich klingen, aber sie enthalten unterschiedliche Energien und Absichten.

Meditation

Diese Meditation kannst du immer dann nutzen, wenn du einen neuen Lebensabschnitt beginnen willst, egal, worin das Neue besteht. Du kannst Altes hinter dir lassen und dich bereit machen, neue Wege zu gehen.

Meditation: Die Brücke in die neue Energie

So mache es dir bitte bequem und atme ein paar Mal tief durch.

Wie immer stellst du dir bitte eine Lichtsäule vor, nachdem du deine Schutzengel eingeladen hast. Wie immer ist dieses Licht genau das, was du heute, in diesem Moment brauchst und du stellst dich erleichtert und aufseufzend hinein. Das Licht lässt alles aus dir herausströmen, was sich in den letzten Monaten, Jahren oder auch Inkarnationen in dir angesammelt hat, alles Alte darf nun gehen und sich in Licht und Liebe auflösen. Bleib so lange in der Lichtsäule, wie es dir angenehm ist und dann sieh dich bitte um – vor dir liegt eine wunderschöne, sehr gesunde Landschaft, sie hat eine fast magische Kraft. Du spürst, hier wartet etwas ganz Besonderes auf dich, eine ganz besondere Erfahrung, eine wunderbare Möglichkeit.

Du gehst ein bisschen spazieren, und mit einem Mal wird dir bewusst, in welchen Bereichen deines Lebens du dich verhaftet fühlst, du den alten Energie folgst, den Gefühlen von Mangel und Angst dienst. Du weißt nicht, wie du das ändern kannst, aber dir wird sehr bewusst, dass es nicht mehr in dein Leben passt. Auf einmal erkennst du in der Ferne ein Licht, ein Leuchten und Strahlen. Leichtigkeit durchströmt dich und du spürst, hier geht dein Weg weiter. Du gehst auf dieses Leuchten zu und bemerkst, du stehst am Fuße einer Regenbogenbrücke, der Brücke, die dich hinüberführt in die Energie deines neuen Lebens.

Du spürst, wie warme, mütterliche und tröstende Kraft in dich einströmt und dich ganz erfüllt. Du erkennst ein Funkeln am anderen Ende des Regenbogens. Er führt über einen tiefen Abgrund, aber die Brücke ist so licht und leicht, dass du sie nicht einfach so betreten kannst. Sie besteht eher aus Licht und kristalliner Energie als aus fester Materie und du erkennst möglicherweise, dass du zu schwer bist, um diese Brücke zu überqueren. Doch du spürst auch, dass hier dein nächster Schritt vor dir liegt. Nun erscheint ein hoher, Machtvoller Engel oder ein anderes geistiges Wesen, und bittet dich, ihm nun alles zu geben, was dich noch schwer sein lässt und dich in der alten Energie festhält.
Du öffnest dich ganz und gar und erlaubst ihm, alles aus dir herauszunehmen, das dich daran hindert, über diese Regenbogenbrücke zu gehen, denn du spürst, es ist Zeit und es ist dein sehnlichster Wunsch, in Liebe und Leichtigkeit zu leben. Vielleicht trägst du die alte Energie noch wie ein Schutzschild vor dir her, vielleicht wie scharfkantige Kristalle oder Steine in deinem Inneren, vielleicht wie eine alte Rüstung oder einen Mantel – welche Symbole auch immer auftauchen, erlaube ihm, dich zu befreien.

Öffne dich nun also mehr und mehr und erlaube dem Hüter der Schwelle, dich zu erlösen –

- von allem, was dich je verletzt hat
- von allen Zweifeln, allen Enttäuschungen, je dem Betrug

- von allen Erfahrungen enttäuschter und zurückgewiesener Liebe
- von den Zurückweisungen deiner Gaben, deiner Talente, deiner Angebote an das Leben
- von den Erfahrungen von Trennung, Verlust und Tod.

Der Hüter der Schwelle erlöst dich von allem, was noch schwer ist. Er zieht es sanft aus dir heraus, das spürst du vielleicht körperlich oder emotional. Er nimmt dein verletztes Herz aus dir heraus und reinigt es. Dieser Prozess dauert so lange, bis du spürst, du bist leicht genug, um über die Regenbogenbrücke zu tanzen.
Und das geschieht jetzt.
Auf einmal spürst du, dass du über die Regenbogenbrücke in die neue Energie gezogen wirst, vielleicht tanzt du auch hinüber oder du erlebst, dass du fliegst. Du spürst die Leichtigkeit, die Freude, die Liebe und du spürst, du hast wirklich alles hinter dir gelassen, alles abgelegt. Du bist nun wahrhaftig frei, ein ganz neues Leben zu beginnen. Irgendwann merkst du, dass du ankommst. Der Boden unter deinen Füßen ist wieder fester und du beginnst, dich geerdet zu fühlen. Und nun begrüßt dich ein Engel oder dein Krafttier und durchströmt dich mit seiner Liebe. Es schenkt dir ein neues Herz und setzt es dir ein, und nun erlebst du ein Wunder:
Du kannst Liebe, Licht und Freude, neue Energie, einatmen, durch dein Herz hindurchleiten und

über die Brücke in die alte Energie hineinströmen lassen, hinein in alle Angelegenheiten, die noch nicht erlöst und frei sind. Du bleibst fest mit beiden Füßen in der neuen Energie stehen, lebst auf der neuen Erde und schickst von hier aus diese neue Kraft in dein Leben, in die Bereiche, in denen es noch ein bisschen leichter werden darf. Das kannst du selbstverständlich auch für deine Familie tun. Du brauchst diese neue Energie nie wieder zu verlassen, du bleibst fest und sicher in der neuen Kraft verankert und atmest die Liebe hinüber, dann erlösen sich deine Lebensumstände ganz wie von selbst.

Du gehst nicht mehr hinein in die Situation und erlöst sie von innen, sondern du bleibst verankert in der neuen Energie und atmest von hier aus deine Liebe und die neue Leichtigkeit in alle Bereiche deines Lebens, die noch der Erlösung bedürfen, die noch leichter und lichter fließen dürfen. Engel durchfluten dich mit ihrer Liebe und Freude, du spürst, sie sind wirklich da. Atme ihre Freude ein und beim Ausatmen schickst du sie in die Situationen deines Lebens, die noch lichter werden dürfen, bleibst aber in dieser goldenen neuen Energie – spürst du den Unterschied?

Übung:

Bitte gehe das nächste Mal, wenn du eine Brücke siehst, ganz konzentriert hinüber. Bleib in der Mitte stehen, mach dir noch einmal klar, was du hinter dir lassen willst und dann geh bewusst einen Schritt über den höchsten Punkt. Schau dich nicht um, sondern geh weiter und lass mit diesem Schritt noch einmal ausdrücklich das Alte hinter dir.

Die nächste Meditation nutze bitte dann, wenn du jemandem beim Loslassen der irdischen Ebene helfen willst – sofern du das kannst. Es ist ein Angebot, aber sicher ist es fast nicht möglich, es zu nutzen, ich kann es auch kaum schreiben. Dennoch möchte ich es dir anbieten, falls du Freunden oder Geschwistern helfen willst. Sie ist für dich selbst gedacht, wenn du Hilfe brauchst, aber besonders dient sie dazu, sie jemandem vorzulesen, der schwer krank ist und für den du da sein willst. Danke für deinen Mut und deine Liebe.

Meditation: Die Brücke in die nächste Ebene

So mache es dir bitte bequem und atme ein paar Mal tief durch.
Stelle dir bitte eine Lichtsäule vor, nachdem du deine geistigen Führer und Lehrer, deine Schutzengel und alle, die deinen persönlichen Weg führen, eingeladen hast. Diese Lichtsäule schwingt sehr hoch, vielleicht ist die besonders weiche, mitfühlende Kraft der Mutter Maria oder die reinigende und klare, rubinrot-goldene Christusenergie in ihr, vielleicht ist sie auch weiß oder golden. Wie immer

ist dieses Licht genau das, was du heute, in diesem Moment brauchst und du stellst dich erleichtert und aufseufzend hinein. Das Licht lässt alles aus dir herausströmen, was sich in den letzten Monaten, Jahren oder auch Inkarnationen in dir angesammelt hat. Alles Alte darf nun gehen und sich in Licht und Liebe auflösen. Besonders deine körperlichen Beschwerden, die Schmerzen und die Ängste, lösen sich auf, strömen aus dir heraus. Frieden fließt in dich ein, und es fällt dir leicht, dich zu entspannen. Bleib so lange in der Lichtsäule, wie es dir angenehm ist und dann sieh dich bitte um. Vor dir liegt eine wunderschöne, sehr gesunde Landschaft, sie hat eine fast magische Kraft. Du spürst, hier wartet etwas ganz Besonderes auf dich, eine ganz besondere Erfahrung. Du erkennst, dass du eine Möglichkeit bekommst, mit der es dir sehr leicht fällt, das irdische Leben loszulassen und ganz leicht in die nächste Dimension zu wechseln
Du gehst ein bisschen spazieren und mit einem Mal wird dir klar, in welchen Bereichen deines Lebens du dich noch gebunden fühlst, selbst wenn es nur noch ein Hauch ist.

Du spürst, du willst loslassen, auch wenn du vielleicht nicht genau verstehst, wozu es dient, dass du so rasch schon wieder gehen musst. Du spürst die Schmerzen derer, die auf der Erde bleiben und du willst ihnen das nicht antun, spürst aber auch, dass du deinen Weg weitergehen musst.

Auf einmal erkennst du in der Ferne ein Licht, ein Leuchten und Strahlen, Leichtigkeit durchströmt dich und du spürst, hier geht dein Weg weiter. Du gehst auf dieses Leuchten zu und bemerkst, du stehst am Fuße einer Regenbogenbrücke, der Brücke, die dich hinüber führt in dein nächstes Leben ohne Körper. Und auf einmal spürst du eine sehr liebevolle, nährende Präsenz – ein riesiger Engel steht vor dir. Er ist wunderschön, er leuchtet und strahlt von innen heraus und du wirst erfüllt von seinem Mitgefühl und seiner Liebe.
„Ich bin für dich da, ich begleite dich auf deinem Weg und ich umhülle all die, die zurückbleiben, mit meiner Liebe, ich tröste und nähre, ich heile und ich schenke Verstehen und Erkenntnis", hörst du den Engel sagen, vielleicht ist es eher ein Gefühl oder ein inneres Wissen.
Du spürst, wie warme, mütterliche und tröstende Kraft in dich einströmt und dich ganz erfüllt. Der Engel berührt dein Herz. „Folge mir nach!", scheint er dir zuzurufen, und du erkennst ein Funkeln am anderen Ende des Regenbogens. Die Regenbogenbrücke führt über einen tiefen Abgrund, aber sie ist so licht und leicht, dass du sie nicht einfach so betreten kannst. Sie besteht eher aus Licht und kristalliner Energie als aus fester Materie und du erkennst möglicherweise, dass du zu schwer bist, um diese Brücke zu überqueren. Doch du spürst auch, dass hier dein nächster Schritt vor dir liegt. Nun erscheint ein weiterer hoher, machtvoller Engel oder ein anderes geistiges Wesen. Ehrfurcht gebietend

steht es vor dir und bittet dich, ihm nun alles zu geben, was dich noch schwer sein lässt und dich im Schmerz und in der Krankheit festhält.
Du öffnest dich ganz und gar und erlaubst ihm, alles aus dir herauszunehmen, das dich schwer und krank sein lässt, denn du spürst, es ist Zeit und es ist dein sehnlichster Wunsch, in Liebe und Leichtigkeit zu leben. Vielleicht trägst du die alte Energie noch wie ein Schutzschild vor dir her, vielleicht wie scharfkantige Kristalle oder Steine in deinem Inneren, vielleicht wie eine alte Rüstung oder einen Mantel – welche Symbole auch immer auftauchen, erlaube ihm, dich zu befreien.
Öffne dich nun also mehr und mehr und erlaube dem Engel, dich zu erlösen –

- von allem, was dich je verletzt hat,
- von allen Zweifeln, allen Enttäuschungen, jedem Betrug,
- von allen Erfahrungen enttäuschter und zurückgewiesener Liebe,
- von den Zurückweisungen deiner Gaben, deiner Talente, deiner Angebote an das Leben,
- von den Erfahrungen von Trennung, Verlust und Tod,

Der Engel erlöst dich von allem, was noch schwer ist. Er zieht es sanft aus dir heraus, das spürst du vielleicht körperlich oder emotional. Er nimmt dein verletztes Herz aus dir heraus und reinigt es. Dieser Prozess dauert so lange, bis du spürst, du bist leicht genug, um über die Regenbogenbrücke zu tanzen.

Das heißt noch lange nicht, dass du wirklich diese Erde verlässt. Du verlässt aber deine Krankheit, alles, was dir Schmerzen zufügt und dich so müde macht.
Und das geschieht jetzt.
Auf einmal spürst du, dass du über die Regenbogenbrücke in die neue Dimension der Klarheit, Gesundheit und des Lichtes gezogen wirst, vielleicht tanzt du auch hinüber oder du erlebst, dass du fliegst. Du spürst die Leichtigkeit, die Freude, die Liebe und du spürst, du hast wirklich alles hinter dir gelassen, alles abgelegt, du bist nun wahrhaftig frei, ein ganz neues Leben zu beginnen. Irgendwann spürst du, du kommst an, der Boden unter deinen Füßen ist wieder fester und du beginnst, dich geerdet zu fühlen. Verwundert erkennst du, dass du immer noch du selbst bist. Du hast zwar keinen Körper mehr, aber du fühlst dich ganz lebendig und frei, vielleicht wohler und leichter als je zuvor. Und nun begrüßt dich der Engel und durchströmt dich mit seiner Liebe. Er schenkt dir ein neues Herz und setzt es dir ein, und nun erlebst du ein Wunder:
Du kannst Liebe, Licht und Freude einatmen, durch dein Herz hindurchleiten und über die Brücke in dein bisheriges Leben hineinströmen lassen, hinein in alle Angelegenheiten, die noch nicht erlöst und frei sind. Du kannst das Licht durch dein Herz zu deinen Eltern schicken, zu deinen Geschwistern, überall dahin, wohin du es eben schicken möchtest.

Du bleibst in der neuen, körperlosen Dimension und schickst von hier aus diese liebende, friedvolle Kraft in dein Leben, in die Bereiche, in denen es noch ein bisschen leichter werden darf. Das kannst du selbstverständlich auch für deine Familie und Freunde tun.
Du bleibst verankert im Licht und atmest von hier aus deine Liebe und die neue Leichtigkeit in alle Bereiche deines Lebens, die noch der Erlösung bedürfen, die noch leichter und lichter fließen dürfen.
Engel durchfluten dich mit Liebe und Freude.
Deine Zellen beginnen, lichter und strahlender, gesünder zu werden. Wenn das nicht möglich ist, dann beginnt deine Seele, sich ganz vorsichtig und langsam aus deinem Körper abzulösen, so, wie es für dich richtig und gut ist. Während das geschieht, stellst du dir folgende Frage:
Wozu dient das, warum hat meine Seele entschieden, nur ganz kurz auf der Erde zu bleiben? Was ist der Gewinn, wozu dient es, dass ich schon wieder gehe? Diese Fragen mögen merkwürdig klingen, öffne dich bitte für Antworten, vielleicht spürst du tiefen Frieden oder du bekommst tatsächlich eine Antwort. Bitte sprich sie aus, damit deine Eltern sie erfahren, wenn du das willst.

Nimm Kontakt mit ihnen auf, indem du ihnen Licht und Liebe ins Herz schickst, und frage sie, während ihr diese Meditation durchführt, ob sie die Wärme spüren. Nun seid ihr über das Herz bewusst verbunden und nicht mehr so sehr davon abhängig,

dass jeder von euch körperlich anwesend ist. Bitte die Engel, bei euch zu sein und euch alle bei diesem Prozess zu begleiten.
Die Liebe Gottes und aller Segen dieser Welt seien bei euch.

Ruh dich nun aus und führe diese Meditation ruhig ein paar Mal durch. Jedes Mal kannst du das loslassen, was nun gehen will, damit du ganz leicht und friedlich deinen Weg in die nächste Dimension weitergehen kannst. Wie wundervoll, dass du bei uns auf der Erde warst, wir werden dich sehr vermissen, aber deine Seele muss tun, was sie tun muss. Wir danken dir für all die Liebe, die durch dich zur Erde gekommen ist und segnen deinen Weg ins Licht. Wir wissen dich dort bestens aufgehoben.

Ebenso erschienen im Schirner Verlag

Jeanne Ruland

Krafttiere begleiten Dein Leben

416 Seiten

ISBN 978-3-89767-148-5

Die Welt der Tiere erschließt sich uns in der realen Begegnung und in der geistigen Welt. Die Tiere bringen uns Botschaften, senden uns Zeichen, stärken und helfen uns auf unserem Weg.
In diesem Buch werden 144 Tiere und ihre Botschaften an die Menschen beschrieben.
Sie finden Wege, Ihrem eigenen Krafttier zu begegnen und die Botschaften der Tiere, welche Ihr Wesen berühren, in einem neuen Licht zu sehen.

Jeanne Ruland

Das Krafttier-Orakel

64 Karten inkl. Booklet

ISBN 978-3-89767-241-3

Kennen Sie Ihr persönliches Krafttier? Krafttiere sind Heiler, Begleiter und Botschafter, die uns im Leben zur Seite stehen. Finden Sie heraus, welches Tier Sie mit seiner Kraft begleitet!
Wie Sie diese Kraft anwenden und in Ihr Leben einladen, wie Sie mit den Botschaften Ihres Krafttieres umgehen und welche Aufgabe Krafttiere überhaupt haben, zeigt Ihnen das beiliegende Booklet in besonders übersichtlicher und daher rasch umsetzbarer Form.